Reinhold Ruthe

Duett statt Duell

Konkrete Schritte
zu einer harmonischen Ehe

R. BROCKHAUS VERLAG WUPPERTAL

ABCteam-Bücher erscheinen in folgenden Verlagen:
Aussaat Verlag Wuppertal/R. Brockhaus Verlag Wuppertal
Brunnen Verlag Gießen/Bundes-Verlag Witten
Christliches Verlagshaus Stuttgart/Oncken Verlag Wuppertal
Schriftenmissions-Verlag Gladbeck

© 1983 R. Brockhaus Verlag Wuppertal
Umschlaggrafik: Ralf Rudolph, Ratingen
Gesamtherstellung: Breklumer Druckerei Manfred Siegel

ISBN 3-417-12303-8

Inhalt

Vorwort

Wir wollen kein Duell, wir wollen ein Duett!

Wir wollen eine harmonische Ehe!

Für zwei Menschen, die heiraten, ist das eine Selbstverständlichkeit. Wer heiratet schon, weil er mit dem anderen streiten und kämpfen will? Für Jungverheiratete hängt der Himmel voller Geigen. Zwei Verliebte haben sich gesucht und gefunden. Sie glauben an sich, an die Ehe und an ihr Glück. Disharmonie steht nicht auf dem Programm. Kleine Fehler und Unstimmigkeiten werden mit dem Mantel der Verliebtheit (nicht Liebe) zugedeckt.

Dann kommt der Ehealltag. Im täglichen Zusammenleben kann sich die Reibung erhöhen. Es wird sich herausstellen, ob zwei Lebensgefährten die Kraft aufbringen, Schwierigkeiten zu meistern und gemeinsam eine Harmonie zu praktizieren, oder ob alle mitgebrachten Gewohnheiten – die keiner von beiden ablegen kann – das Klima beeinträchtigen. Sehr oft entwickelt sich folgendes Bild:

– die Unterschiede werden deutlicher,
– die kleinen Fehler werden größer,
– die Geduld wird strapaziert,
– die romantischen Gefühle verblassen,
– die Eigenwilligkeiten treten stärker hervor,
– Reizbarkeit und Nervosität werden sichtbar,
– die verschiedenen Lebensstile kommen ans Licht,
– Nachgiebigkeit und Toleranz werden herausgefordert,
– Unnachgiebigkeit und Rechthabenwollen werden offenbar,
– bestimmte Behauptungsmethoden werden spürbar,
– Herrschsucht und Egoismus kommen zum Vorschein, usw. usw.

Das ist natürlich und nicht unnormal. Die Ehe als Zwei-Personen-Beziehung ist eine der kleinsten, intimsten und zugleich zerbrechlichsten Gruppenformen. Jeder Mensch ist einzigartig und unverwechselbar. Jeder bringt mit in die Ehe:

– sein Rollenverständnis,   – seine Vermeidungsstrategien,
– seine Gewohnheiten,   – seine Umgangsmuster,
– seine Persönlichkeitsstruktur,   – seine Durchsetzungstechniken,
– sein Verhaltensmuster,   – seine Lebensvorstellungen.

Solche Denk-, Lebens-, Liebes- und Glaubensmuster wollen koordiniert und aufeinander abgestimmt werden. Was können zwei Eheleute tun,
- die bestimmte Schwierigkeiten erkennen,
- die Wut und Ärger angestaut haben,
- die Konflikte nicht lösen können,
- die mit Widerwillen und Abwehr reagieren,
- die unglücklich und unzufrieden sind,
- die vor dem Lebensgefährten Angst entwickeln,
- die in der körperlichen Liebe mit Kälte und Verspannung antworten, und in körperliche oder seelische Krankheiten flüchten,
- die aus der Ehe ausbrechen wollen und mit Scheidung spielen?

Das Buch beschreibt:
- typische Konflikte aus der Beratungspraxis,
- bestimmte Ehe- und Ergänzungsmuster,
- Probleme und Schwierigkeiten, die besonders für Christen auffallend sind,
und bietet
- eine Analyse der Motive und Hintergründe,
- Wege und praktische Hilfen für den Ehealltag,
- Regeln und handfeste Tips für ein besseres Miteinander
- und Antworten aus dem christlichen Glauben.

Der Erfolg Ihrer Bemühungen ist garantiert, wenn der Buchtitel für Sie mehr beinhaltet als einen frommen Wunsch, wenn Sie alles dransetzen und Sie meinen, was Sie sagen:
Wir wollen eine harmonische Ehe! Wir wollen ein Duett und kein Duell.

Ich will mein Ergänzungsmuster kennenlernen

Die meisten Ehepaare, die mir begegnen, spiegeln ein Schlüssel-Schloß-Verhältnis wider: Die Partner passen zusammen. Sie ergänzen sich wie Topf und Deckel. Sie ergänzen sich auf verschiedenen Gebieten. Solche Ergänzung bedeutet Bereicherung und Konflikt zugleich. Sie ziehen sich an und bringen gleichzeitig Probleme wie Hypotheken mit in ihre Zweierbeziehung. Zwei Drittel aller Ehe- und Partnerbeziehungen beinhalten solche *Ergänzungsmuster,* die sich leider die meisten Partner nicht bewußt machen. Sie wissen, daß sie verschieden sind, denken aber über die Motive, Hintergründe und Ziele ihrer Verhaltensweisen nicht nach.

Die Ergänzung kann gottgewollt sein. Im Römerbrief heißt es: »Wir stehen zueinander wie Teile, die sich gegenseitig ergänzen. Wir haben verschiedene Gaben, so wie Gott sie uns in seiner Gnade zugeteilt hat. Diese Gaben sollten wir auch in der rechten Weise nutzen« (Röm. 12,5.6). In der Tat, Ergänzungsmuster sind Gaben und Aufgaben zugleich. Wir können sie zum Wohle der Partnerschaft einsetzen und können sie in der Ehe mißbrauchen.

Was sind Ergänzungsmuster?

Der fragende Partner	⟷	Der antwortende Partner
der unsichere Partner	⟷	der sichere Partner
der hilflose Partner	⟷	der selbstbewußte Partner
der sich anlehnende Partner	⟷	der starke Partner
der ungewisse Partner	⟷	der sicher auftretende Partner
der abhängige Partner	⟷	der unabhängige Partner
der ratlose Partner	⟷	der ratgebende Partner
der unterlegene Partner	⟷	der überlegene Partner
der langsame Partner	⟷	der schnelle Partner
der masochistische Partner	⟷	der sadistische Partner
der demütige Partner	⟷	der tyrannische Partner
der optimistische Partner	⟷	der pessimistische Partner
der dramatisierende Partner	⟷	der verharmlosende Partner

Beide haben sich so gesucht,
beide haben sich so gefunden,
beide passen zusammen,
beide ergänzen sich,
beide brauchen sich,
beide spielen perfekt zusammen.

Aber der Punkt der Anziehung ist auch der Punkt des Konfliktes.

Wenn wir Dinge in unserem Leben und in unserer Ehe verändern wollen, müssen wir unser Beziehungsmuster, unser Ergänzungsmuster und unsere Kommunikationseigenarten kennen. Welche Verhaltensweisen tauchen bei uns immer wieder auf? Welche Reaktionen sind für unsere Ehe immer wieder typisch? Welche typischen Beziehungsmuster laufen unkontrolliert häufig ab?

Ihr Ehe-Ergänzungsmuster spiegelt 5 Aspekte wider

Wenn Sie eine umfassende Liste Ihrer kompletten Ehe-Ergänzungsmuster haben wollen, versuchen Sie die 5 Aspekte Ihres Lebensstiles so genau wie möglich auszufüllen. Vielleicht hilft es Ihnen, die wichtigsten Punkte anzukreuzen und sie mit den Punkten des Partners zu vergleichen.

1. Wie sehen und erleben Sie sich selbst?

Positiv:	Negativ:
selbstvertrauend	minderwertig
zuverlässig	klein
stark	häßlich
ausgeglichen	unterlegen
durchsetzungskräftig	weich
zuvorkommend	ängstlich
hilfsbereit	durchsetzungsschwach
unabhängig	gehemmt
schön	schüchtern

2. Wie sehen und erleben Sie den anderen?

Positiv: *Negativ:*

gleichwertig   größer
ebenbürtig   schneller
wie einen Freund   tüchtiger
liebenswürdig   ausdauernder
unvoreingenommen   leistungsstärker
vertrauenswürdig   attraktiver
als Bereicherung   intelligenter
als Ergänzung   beherrschender

3. Wie fühlen Sie sich in der Welt?

Wie ist Ihr Weltgefühl? Fühlen Sie sich in ihr zu Hause?

Positiv: *Negativ:*

zufrieden   bedroht
zu Hause   allein gelassen
als Abenteurer   verraten
als Beschenkter   ungeborgen
beheimatet   heimatlos
aufgehoben   elend
voller Hoffnung   traurig
optimistisch   verzweifelt

4. Welche Ziele verfolgen Sie?

Jeder Mensch verfolgt unbewußt Ziele. Sie handeln so, als verfolgten *Sie undurchschaubare Pläne.* Es handelt sich um Ziele, die wie ein roter Faden Ihr Leben durchziehen und Ihre Verhaltensmuster beeinflussen.

Positiv:	*Negativ:*
ich will Verantwortung tragen	ich muß immer der Erste sein
ich will Anerkennung durch Leistungen	ich muß moralischer als der andere sein
ich will Wahrheit und Gerechtigkeit	ich muß fehlerlos sein
ich will gut sein	ich muß bei allen Menschen beliebt sein
	ich brauche einen Partner, der für mich entscheidet
ich will Vorbild sein	ich muß der Star sein
ich will vertrauensvoll wirken und leben	ich bin der größte Dulder und Märtyrer

5. Mit welchen Verhaltensmustern verfolgen Sie Ihr Ziel?

Positiv:	*Negativ:*
durch Pünktlichkeit	durch Kritik
durch Treue	durch Jähzorn
durch Offenheit	durch Tränen
durch Ehrlichkeit	durch Hilflosigkeit
durch Gewissenhaftigkeit	durch Krankheit
durch Geduld	durch Angabe
durch Einfühlung	durch Erpressung
durch Fröhlichkeit	durch Empfindlichkeit
durch Vergebungsbereitschaft	durch Vorwürfe
durch Versöhnlichkeit	durch Unversöhnlichkeit

Ihr Ergänzungsmuster hat einen Nutzeffekt

Unbewußt wollen Sie mit Ihren Haltungen und Einstellungen etwas *bezwecken*. Die Ergänzungsmuster haben einen Sinn. Sie haben von der Kindheit her gelernt, mit Ihren Arrangements *Ziele* zu verfolgen. Streit, Klagen, Jähzorn, Tränen, Vorwürfe und Anklagen werden so eingesetzt, daß sie zum Erfolg führen. Je mehr Sie in der Kindheit mit bestimmten Verhaltensmustern effektiv operieren konnten, desto selbstverständlicher setzen Sie sie auch als Erwachsener ein.

Einer *braucht* den anderen,
einer *benutzt* den anderen,
einer setzt *zielgerichtet* Strategien ein,
einer *spielt* dem anderen *in die Hände*.

Das kann problemlos und glatt funktionieren, das kann aber auch heftig, gefährlich und gegenseitig verletzend geschehen. Unverstandene Ziele sind immer im Spiel. Es handelt sich um Wünsche und Absichten, die Ihnen in der Regel verborgen bleiben, weil Sie nicht ernsthaft darüber nachdenken wollen. Haben Ihre Reaktions- und Verhaltenseigenarten keinen Erfolg, stellen Sie sie ein. Übrigens ein wichtiger Gedanke, um sich unkooperative und destruktive Umgangsmuster abzugewöhnen. Hier sind einige Beispiele für den *Nutzeffekt*.

Sie: »Ich warte seit 5 Uhr auf dich. Jetzt ist es fast 18.30 Uhr. Das Essen ist natürlich völlig kalt, und ich habe mir solche Mühe gegeben!«

Er: »Schätzchen, das tut mir leid. Ich will dich nicht ärgern.«

Nutzeffekt: Die Vorwürfe sollen ihm Schuldgefühle bereiten, damit er demnächst pünktlich kommt.

Er (schlägt auf den Tisch): »Jetzt ist aber Schluß. Dein Heulen hängt mir zum Halse heraus. Wir kommen ja einfach zu nichts.«

Sie: »Ich kann doch nicht dafür. Die Tränen kommen mir einfach. Oder glaubst du, ich täte das absichtlich?«

Nutzeffekt: Sie weint und heult, um bestimmte Ziele zu erreichen. Vielleicht ist sie dann hilflos und arbeitsunfähig, und der Mann muß für zwei schaffen. Er schlägt auf den Tisch, droht und übt Druck aus und will sie damit zwingen, von ihren Vermeidungsstrategien abzulassen. In den Reaktionen beider schimmern die Ziele hindurch.

Hast du die Rechnung schon bezahlt?

Der folgende – fast normale – Ehekonflikt soll ein bestimmtes Muster veranschaulichen. Frau Schmidt gibt sich gern *abhängig,* fragend und anlehnungsbedürftig. Sie war jüngstes Kind von zwei älteren Geschwistern. Die Mutter war ungemein lebenstüchtig und aktiv. Sie galt als der Motor der Familie und »hatte die Hosen an«, wie ihr Gatte zu sagen pflegte. Mutter entschied alles, machte alles und regelte alles. Frau Schmidt hatte es gelernt, sich führen zu lassen. Diese Lebensgrundeinstellung überträgt sie auf die Familie. Im Prinzip gefällt ihrem Mann das. Er haßt die selbstbewußten Frauen, die sich emanzenhaft gebärden, die um ihr Recht kämpfen, immer wissen, was sie wollen, widersprechen und unabhängig und selbstvertrauend ihren Weg gehen. Warum hat er dann geheiratet, wenn er nicht der Ratgeber, der Starke, der Helfer und der Beistand sein darf und soll?

Herr Schmidt ist ältestes Kind. Seine Mutter war oft krank, lag zu Bett und quälte sich mit Migräne und Depressionen. Sie war ein schwacher und weinerlicher Typ, klagte ständig über irgendwelche Gebrechen und übertrug schon früh ein Stück der Verantwortung ihrem ältesten Sohn, der sich widerspruchslos engagierte und für die Familie einsetzte.

Unbewußt und ohne daß sich beide Eheleute das klar gemacht haben, sind sie sich so begegnet, haben sich sofort verstanden gefühlt und ergänzen entsprechend einander. Aber immer wieder kommt es zu leichten oder heftigen Konflikten, die ein ganz bestimmtes Schema widerspiegeln.

Er: »Hast du die Rechnung für den Herd schon bezahlt?«

Sie: »Nein, du hast mir ja nichts davon gesagt.«

Er: »Wenn man nicht alles selber macht, klappt aber auch gar nichts!«

Sie: »Geschäft und Geld sind Männersache.«

Er: »Du könntest auch mal nachdenken!«

Sie: »Ich verlasse mich gern auf dich.«

Er: »Ich habe manchmal das Gefühl, ich bin für alles verantwortlich.«

Sie: »Ich halte dafür auch alles in Ordnung, versorge dich lieb und tue mein Bestes.«

Was zeigt diese Eheszene?

1. Die Auseinandersetzung kennzeichnet die Ergänzungsmuster

Die 4 Rede- und Gegenrede-Abschnitte des Ehepaares zeigen typische Behauptungsmuster, die für dieses Ehepaar kennzeichnend sind. Sie ist eindeutig der *abhängige Typ*, er der *unabhängige* und mehr selbstbewußte Typ. In jedem nur denkbaren Konflikt müßte dieses Schema offen oder versteckt wieder zum Vorschein kommen. So lange die Beziehung ausgewogen ist, so lange Geben und Nehmen im Gleichgewicht sind, so lange kommt es nicht zu Reibereien und Konflikten. Erst wenn sich einer *überfordert* fühlt – und in dieser Ehe ist es vermutlich der Mann – kommt es zu Auseinandersetzungen.

2. Ergänzungsmuster werden in der Familie eintrainiert

Der Ehemann, der gern den Starken spielt, sich als Helfer, Retter und Ratgeber versteht, muß allerdings damit rechnen, daß *unbewußt* seine Haltung vom Partner registriert und benutzt wird. Frau Schmidt hat ihre Rolle als Abhängige in der Familie gut trainiert und ist treffsicher an den richtigen Mann geraten, der überzeugend die Mutterrolle fortsetzt. Wahrscheinlich hat Frau Schmidt in ihrer Ursprungsfamilie die gleichen Reibereien gehabt wie jetzt mit ihrem Mann. Die Dialoge mit ihrer Mutter haben vermutlich einen ähnlichen Verlauf genommen wie dieser heute.

Sie *wartet*, bis ihr Aufträge erteilt werden;

sie *schiebt* dem Partner die Schuld zu, daß er ihr nicht konkret gesagt hat, was sie zu tun hat;

sie gibt sich in Geld- und Finanzfragen hilflos und *überläßt* dem Mann die Verantwortung;

sie *verläßt* sich auf seine Initiative.

Der Mann wiederum hat schon früh in seinem Leben eine Führungsrolle übernommen, hat Verantwortung getragen, Entscheidungen gefällt und sich fürsorgend um alles gekümmert. Auch hier kümmert er sich um ein Familienproblem, indem er seine Frau wie ein »jüngeres Geschwister« zur Verantwortung zieht.

3. Der Punkt der Anziehung ist der Punkt des Konfliktes

Je unausgewogener die Verhaltensweisen von Geben und Nehmen, von Inaktivität und Aktivität, von Entscheidungsschwäche und Entscheidungsstärke sind, desto schwerer sind die Auseinandersetzungen. Es herrscht eine große Spannung, aber trotzdem wird ein Gleichgewicht angestrebt:

je aktiver der eine, desto passiver der andere;

je langsamer der eine, desto schneller der andere;

je entscheidungsstärker der eine, desto entscheidungsschwächer der andere.

In der Politik sprechen wir vom *Gleichgewicht des Schreckens*. Eine ähnlich gefährliche Beziehung scheint das Gleichgewicht der Macht in der Ehe zu sein: Es führt notwendig zum Konflikt. Spielt einer verrückt oder verliert die Nerven – und das ist in der Hochspannung möglich – gibt es *Krieg*. Und Krieg ist in der Tat die gefährlichste Beziehungsform.

Die amerikanische Therapeutin Fanita English, die bestimmte Ehekonstellationen mit Typ 1, den Entscheidungsschwachen, Passiven, und Typ 2, den Entscheidungsstarken und Aktiven, bezeichnet, schreibt: »Personen vom Typ 2 mögen tatsächlich sehr hilfsbereit sein. Aber oft wirken sie ›kontrollierend‹ oder – abwertend gemeint – wie ein ›Retter‹, weil sie ihre Hilfsbereitschaft übertreiben. Sie verwenden allzu viel Energie auf ›Tun‹ und ›Geben‹ und bezahlen dafür mit ihrer Gesundheit. Immer wieder bringt sie ihr Engagement im ›Tun‹ für andere so weit, daß man sie als ein ›Verfolger‹ empfindet.«[1]

Der Schritt vom Retter, der noch eben erträglich empfunden wird, bis zum Verfolger ist nicht weit. Während der Partner immer hilfloser und passiver erscheint, legt sich der selbständige und hilfsbereite Partner immer mehr ins Zeug. Der Punkt der Anziehung ist zum Punkt des Konfliktes geworden.

4. Mann und Frau machen sich ihr Beziehungsmuster klar

Wenn in der Ehe Spannungen sind oder die Harmonie gefährdet ist, können wir erst wirksam etwas in unserem Leben verändern, wenn uns die *verborgenen Ziele* unseres Verhaltens und Lebens bewußt sind. Leben wir in den Tag hinein, dann laufen unbewußt und unverstanden Reaktionsweisen ab, die sich ständig wiederholen. Unkontrolliert arrangieren wir Begegnungsmuster, die etwas Starres und Schematisches widerspiegeln. Wir spüren nicht mehr, daß wir wie Frau und Herr Schmidt

- unaufgefordert die Verantwortung tragen,
- unnötig oft die Initiative ergreifen,
- unbewußt die Schuld beim Partner suchen,
- uns hinter dem starken Partner verstecken,
- uns auf den zupackenden Partner verlassen,
- den passiven Partner anmeckern und antreiben.

Haben wir die Verantwortungslosigkeit oder die übertriebene Verantwortungsbereitschaft erkannt – beide Verhaltensmuster sind übrigens gleich fragwürdig –, können wir darangehen, die Interaktionsmuster zu verändern.

5. Nehmen Sie sich kleine Veränderungen vor!

Wer die Harmonie seiner Ehe verbessern will und seine destruktiven bzw. fragwürdigen Ergänzungsmuster erkannt hat, sollte sich nicht vornehmen, sein gesamtes Verhaltensrepertoir umstrukturieren zu wollen. Je höher unsere Ziele, die wir uns setzen, desto tiefer unsere Enttäuschungen, die wir uns einhandeln, wenn wir die hohen Erwartungen nicht erfüllen. Je höher wir unsere Ziele schrauben, desto eher sind wir geneigt, *alles* an Verbesserungen in der Partnerbeziehung aufzugeben, weil die Frustrationen uns niederdrücken. Kleine Schritte sind schneller und leichter zu bewältigen als große Sprünge. Kleine Erfahrungen spornen mehr an, zuversichtlich weiterzuarbeiten, als Mißerfolge, die die Veränderungsbereitschaft lähmen und mutlos machen. Viele Mutlose haben nach den Sternen gegriffen, stürmten ins Leere und sackten hoffnungslos in sich zusammen.

6. Nehmen Sie sich konkrete Dinge vor!

Viele Veränderungswünsche bleiben gute Absichten und zeigen keine Ergebnisse, weil sie
- unklar formuliert,
- viel zu allgemein gefaßt,
- unverbindlich
- oder zu wenig ernst gemeint geäußert wurden.

Es gibt Formulierungen, die den notwendigen Ernst vermissen lassen. Frau Schmidt beispielsweise könnte sagen:

»Eigentlich geht das mit uns nicht so weiter. Wir streiten uns immer um Nichtigkeiten. Wir sollten uns keine Vorwürfe machen.«

Was ist an diesem Satz problematisch?
- Frau Schmidt hat das eigentliche Problem gar nicht erkannt. Sie sieht zwar den Streit, übersieht aber die eigentlichen Motive des Konfliktes, die wir auf den vorhergehenden Seiten erörtert haben;
- Wer einen Satz mit »eigentlich« beginnt, gibt uneingestanden zu verstehen, daß er wahrscheinlich das Gegenteil im Schilde führt. Er demonstriert Höflichkeit und signalisiert Verständnisbereitschaft und hofft, damit dem Partner genügend Entgegenkommen gezeigt zu haben;
- Frau Schmidt bleibt in ihrer Rolle als artige und untergebene Ehefrau. Sie paßt sich an, zeigt Gesten der Versöhnlichkeit, überläßt aber dem Partner die Initiative und die Aktivität. Sie ist ihrer Rolle treu geblieben.

Was können die Eheleute Schmidt tun?
- Sie greifen beispielsweise *nur* den Bereich der Finanzen heraus und verpflichten sich, ihre Interaktionsmuster zu verändern;
- Mann und Frau erkennen, daß *beide* das Interaktionsmuster aufrechterhalten, daß große Verantwortungsbereitschaft und starke Verantwortungslosigkeit zwei Seiten einer Medaille sind;
- beide bemühen sich gleichzeitig, ihre falschen und Spannung erzeugenden Reaktionsmuster zu verändern;
- Herr Schmidt unterläßt es, seine Frau zu erinnern, zu ermahnen, zu kritisieren und anzuklagen oder gemeinsame Eheverpflichtungen *allein* zu erledigen;

– Frau Schmidt bemüht sich, nicht nur bei Aufforderung aktiv zu werden. Sie unterläßt es, sich in finanziellen Dingen auf den starken Mann zu verlassen. Sie redet sich nicht mehr damit heraus, Männer seien in Gelddingen gescheiter und praktischer.

7. Die Folgen, wenn der Konflikt nicht bearbeitet wird

Viele Eheleute neigen dazu, Eheschwierigkeiten
– zu verleugnen,
– zu verdrängen,
– herunterzuspielen
– und unter den Teppich zu kehren.

Selbst überzeugte und ehrliche Christen praktizieren dieses gefährliche Spiel. Sie wollen Frieden halten und decken unterschwellige Machtkämpfe zu. Vielleicht argumentieren sie:
»Wenn wir unsere Schwierigkeiten besprechen, wird der Streit nur größer.«
»Man kann auch alles zerreden.«
»Wer schweigt, gibt dem anderen keinen Anlaß für Streit und Konflikte.«
Sie glauben, ehrlich und christlich zu handeln. Allerdings übersehen sie, daß Konflikte nicht durch *Schweigen* und schwebende Machtkämpfe nicht durch Zudecken gelöst werden. Nachgiebigkeit aus Überzeugung ist gut, Nachgiebigkeit aus Schwäche und Angst vor Eskalation machen unglücklich. Wer gegen seine Überzeugung Ärger *herunterschluckt,*
– belastet seine Organe,
– handelt unehrlich gegen den Partner,
– wird bitter,
– kann depressiv werden
– und brütet gegebenenfalls Rachegedanken aus.

Wie können solche Rachegedanken aussehen? Beliebte Ausweichmanöver und Angriffspunkte sind:
– Er oder sie vertrauen sich den Eltern oder Schwiegereltern an. Hinter dem Rücken oder in Gegenwart des Partners packt der andere aus. Er beschwert sich, stellt bloß und klagt an.

- Er oder sie wenden sich den Kindern zu und paktieren gegen den anderen Ehepartner. Solche Bündnisse liefern neuen Zündstoff und erhöhen die Spannung der Eheleute. Die Kinder fühlen sich belastet und reagieren mit Gewissensbissen.
- Er oder sie wenden sich einem Geliebten oder einer Geliebten zu. Sehr oft wird für diese Manöver der *Gegentyp* gewählt. Nicht die erste Partnerwahl war falsch und die Ehe als Ergänzungsmuster ein schwerer Irrtum, sondern der Ausbruch aus der Ehe ist ein Racheakt. Der Liebhaber wird als Waffe benutzt. Der Gegentyp, mit dem man sich selbstverständlich hervorragend versteht, ist ein massiver Vorwurf gegen den eigenen Lebensgefährten.
- Er oder sie wenden sich einem Therapeuten oder Seelsorger zu, dem sie die Misere der eigenen Ehe offenbaren. Solche »Hilfeschreie« werden sehr oft als »Ich-weiß-mir-keinen-anderen-Rat-mehr«-Wege getarnt. In Wirklichkeit sind es Kampfmethoden, um den Ehepartner zu treffen. Einer verbündet sich mit dem Therapeuten oder Seelsorger gegen den Lebenspartner. Was er an Zuwendung vom Partner nicht bekommt, holt er sich Woche für Woche vom Therapeuten. Viele Seelsorger fallen auf diese unglücklichen Menschen herein, die vom Partner nicht verstanden werden – Partner, die auch nie zur Seelsorge kommen werden. Wenn sie das Spiel nicht durchschauen, verstärken sie die Ehespannungen und verhindern, daß die eigentlichen Motive der Ehestörung zur Sprache kommen.

Ich trage für mein Verhalten und Fehlverhalten selbst die Verantwortung

Wer seine Ehe harmonischer gestalten will, muß dafür selbst die Verantwortung übernehmen. Eine Veränderung und Verbesserung der Beziehungen beginnt bei mir und nicht beim anderen. »Ich will meine Wege vor Ihm verantworten«, heißt es im Buche Hiob (13,15). Vor Gott und den Menschen halten wir den Kopf hin und ziehen uns nicht mit Entschuldigungen aus der Schlinge. In dem Wort Verantwortung steckt das Wort Antwort. Mich trifft ein Wort und ruft mich zur Antwort. Beantwortung ist ein personhafter Vorgang. Das Urbild dieses Antwortgebens besteht darin, daß der lebendige Gott den Menschen ruft: »Kain, wo ist dein Bruder Abel?« Verantwortung lebt und wirkt zwischen Personen.

Leben heißt verantwortlich sein

Es gilt für alle Bereiche des Lebens – auch für die Partnerschaft. Leben heißt verantwortlich sein für mich und für andere. Das Tier ist auf festgelegte Signale und Auslösereize angewiesen. Geringfügige Veränderungen verändern sofort den Instinktablauf des Tieres. Der Mensch ist kein Instinktwesen, er ist ein *Initiativwesen,* das in eigener Regie handelt, sich selbständig zu seinen Möglichkeiten verhält und sich zu entscheiden hat. Der Mensch ist das einzige Wesen, das für sein Tun zur Verantwortung und zur Rechenschaft gezogen werden kann. Als *Agierender* und nicht als *Reagierender* verändert er die Welt. Leben heißt, Aufgaben, die mir heute und morgen gestellt werden, zu erfüllen. Je mehr der Mensch den Aufgabencharakter erkennt, desto sinnvoller wird sein Leben. Wer keine Aufgaben sieht und keine Aufgaben hat, trägt keine Verantwortung, sieht keinen Sinn im Leben.

Nun kommen viele Menschen, die sagen: »Ich sehe keinen Sinn mehr im Leben.«

Wir müssen ihnen helfen,

– die für sie einzigartigen Möglichkeiten zu sehen,
– die nächstliegenden Aufgaben zu erkennen und nicht hinter fernen Aufgaben herzulaufen,
– zu der Einmaligkeit und Einzigartigkeit des Lebens vorzustoßen.

Goethe schrieb einmal: »Wie kann man sich selbst kennenlernen? Durch *Betrachten* niemals, aber durch *Handeln*. Versuche deine Pflicht zu tun und du weißt gleich, was an dir ist. Was aber ist eine Pflicht? Die Forderung des Tages.«[2]

Entscheidend ist weiterhin: Es gibt nicht *den* Sinn im Leben, es gibt nicht *die* Aufgaben im Leben, es gibt nur spezielle Aufgaben für *mein* Leben, es gibt nur spezielle Aufträge für *mein* Dasein. Viktor Frankl dreht die Frage nach dem Sinn des Lebens um, wenn er schreibt:

»Wenn wir nun die Summe aus allem nach dem Sinn des Lebens ziehen, gelangen wir zu einer radikalen Kritik der Frage als solcher. Die Frage nach dem Sinn des Lebens schlechthin ist sinnlos . . . Dann müssen wir der Frage nach dem Sinn des Lebens eine kopernikanische Wende geben: Das Leben selbst ist es, das dem Menschen die Frage stellt. Er hat nicht zu fragen, er ist vielmehr der vom Leben Befragte, der dem Leben zu antworten – das Leben zu *ver-antworten* hat. Die Antworten können nur konkrete Antworten auf konkrete ›Lebensfragen‹ sein.«[3]

Der Sinn des Lebens muß nicht aus phantastischen Zielen bestehen, nicht aus großartigen Idealen, sondern er besteht aus der Erfüllung des Alltäglichen. Auch Eheprobleme sind Herausforderungen und verlangen Antwort. Wer sie verdrängt, verschweigt, herunterschluckt, überspielt oder vor ihnen flieht, macht sich schuldig.

Ich bin o.k. – du bist o.k.

Der Mensch ist ein soziales Wesen und ohne Kooperation und Interaktion mit anderen lebensunfähig. Mein Glück und persönliches Wohlergehen hängen vom Mitmenschen ab. Besonders in der Partnerschaft wird die gegenseitige Verantwortung und Abhängigkeit deutlich.

Dein Glück ist mein Glück,
dein Leid ist mein Leid,
deine Zukunft ist meine Zukunft,
deine Zufriedenheit ist meine Zufriedenheit,
bist du o.k., bin auch ich o.k.

Ein namhafter Therapeut der Transaktionsanalyse, Thomas Harris, hat dieses Aufeinanderbezogensein treffend charakterisiert: »Ich bin ein Mensch. Du bist ein Mensch. Ohne dich bin ich kein Mensch, denn nur durch dich wird die Sprache möglich, und nur durch die Sprache wird das Denken möglich, und nur durch das Denken wird das Menschsein möglich. Du hast mich wichtig gemacht, darum bin ich wichtig und du bist wichtig. Wenn ich dich entwerte, entwerte ich mich selbst. Das ist das Prinzip der Lebensanschauung ICH BIN O.K. – DU BIST O.K.! Allein im Lichte dieser Anschauung sind wir Menschen und nicht Dinge . . . Diese Grundanschauung erfordert, daß wir füreinander verantwortlich sind, und diese Verantwortung ist der äußerste Anspruch, der allen Menschen gegenüber gleichermaßen erhoben wird.«[4]

Glück ist kein Lebensgefühl, das uns aus blauem Himmel ohne Engagement in den Schoß fällt. Harmonie ist ein Geschenk, das ich erwarten darf, wenn *ich* für *unsere* Ehe die Verantwortung trage.

Im Epheserbrief drückt die Bibel diese gegenseitige Verantwortung treffend aus: »So müssen auch die Männer ihre Frauen lieben wie ihre eigenen Körper. Denn ein Mann, der seine Frau liebt, liebt sich selbst. Keiner haßt doch seinen Körper« (Eph. 5,28.29).

Wer sich in der Ehe für das Wohl und Wehe seines Partners intensiv einsetzt, tut sich also selbst den größten Dienst.

Wer dem Partner Gutes tut, tut sich Gutes,
wer dem Partner eine Freude macht, macht sich eine Freude,
wer den Partner beschenkt, beschenkt sich,
wer den Partner beglückt, beglückt sich.

Wie nüchtern und praktisch denkt die Bibel! Ich habe vor Jahren einmal einen sehr realistischen Satz gelesen: »Liebe ist gegenseitige Bedürfnisbefriedigung.« Klingt das zu wenig poetisch? Klingt in dem Satz zu wenig Romantik mit? Richtig. Liebe heißt: Ich trage für dich Verantwortung, damit es mir selbst gut geht. Ich sorge dafür, daß du o.k. bist, dann werde ich selbst o.k. sein.

Ich bin das Opfer einer Ehekrise geworden

Wir Menschen haben es teuflisch gut gelernt, uns als *Opfer* zu fühlen, und spielen damit dem anderen die Schuld in die Schuhe.

Frau M. saß bedrückt und mit herunterhängenden Schultern in der Beratung. Ihre Stimme klang resigniert und vorwurfsvoll: »Ich bin das Opfer einer schweren Ehekrise geworden. Die Umstände haben mich an den Rand der Verzweiflung gebracht. Mein Mann hat mich verlassen und ist mit meiner besten Freundin auf und davon. Wir sind 15 Jahre verheiratet. Mein Mann hatte nur Sex im Sinn. Mich behandelte er wie ein Stück Fleisch.«

Frau M. fühlte sich unschuldig, nicht verantwortlich und durch unglückliche Umstände in ihre verzweifelte Lage gebracht.

Von Ausnahmen abgesehen, bin ich der festen Überzeugung, daß Ehekrisen *Partnerschaftsstörungen* sind und nicht durch *böse Umstände* verursacht werden.

Wir reden uns heraus,
wir tragen keine Verantwortung,
wir schieben die Schuld ab.

»Über Ostern wurden 56 Menschen Opfer des Straßenverkehrs.«
»Die blutigen Unruhen im Libanon forderten am Wochenende 12 Opfer.«

Wer ist der Straßenverkehr, der die Menschen getötet hat? Was sind die blutigen Unruhen, die die Opfer gefordert haben? Mit solchen Formulierungen fliehen wir vor der Verantwortung. Wir schieben anonymen Gewalten die Schuld zu. Steckt hinter dem Straßenverkehr und den blutigen Unruhen ein blutrünstiges Ungeheuer? Nicht Straßenverkehr und Unruhen töten, sondern in den Autos sitzen Menschen, die zu schnell fahren, die zu dicht auffahren oder zu gewagt überholen. Und Unruhen werden von Menschen produziert und nicht von leblosen Maschinen. Der Mensch ist ein Wesen, das Entscheidungen trifft. Der Gedanke, daß wir Opfer sind, Opfer von Einflüssen, hat sich tief in unsere Vorstellungen eingegraben. Unser Denken ist geradezu davon verseucht.

- Wir sind Opfer unseres Erbgutes,
- wir sind Opfer unserer Gesellschaft,
- wir sind Opfer unserer Gefühle,
- wir sind Opfer unserer Triebe,
- wir sind Opfer unserer Umwelt,
- wir sind Opfer unglücklicher Umstände,
- wir sind Opfer aller möglichen Kräfte.

Wir sind zu Opfern gemacht. Wir sind zu Opfern erzogen worden, und wir haben gut gelernt, dieses Wissen anzuwenden. Indem wir uns als Opfer verstehen, können wir uns entschuldigen, können wir uns drücken, können wir uns herausreden, können wir uns reinwaschen. Auch Entschuldigungen blockieren die Verantwortung. Solange ein Mensch sich entschuldigt, hält er nach unbewußten Motiven Ausschau, die er *benutzt,* um sich zu entschuldigen. Entschuldigungen sind Mittel zum Zweck, uns zu rechtfertigen, um uns freizukaufen.

Wenn Ehekrisen auftreten, beginnt die Selbstprüfung bei uns. Was habe *ich* getan, daß mein Partner fremd geht? Was habe *ich* unterlassen, daß er mich verläßt? Was habe *ich* falsch gemacht, daß er falsch handelt? Wer die Umstände anklagt, findet für seine Situation keine Lösung. Wer sich als Opfer fühlt, schlägt *um* sich, statt *in* sich.

Flucht vor der Verantwortung

Wer als Ehepartner den Kopf in den Sand steckt, *flieht* vor der Verantwortung. Auch für die Flucht vor der Verantwortung werden wir zur Rechenschaft gezogen. Da ist ein Partner, der zornig wird. Was sagt er?
»*Du* hast mich zornig gemacht!« – »*Du* hast mich herausgefordert!«
»Ich *mußte* wütend werden.« – »Ich *muß* so reagieren.«
Im ersten Fall ist der Partner schuld, im zweiten Fall schiebt er den Umständen den Schwarzen Peter zu. Oder er hat *zwangsläufig* so

handeln müssen. Der Ehegefährte versteckt sich hinter einem ominö-
sen inneren Zwang.

Wie Adam und Eva schieben wir die Schuld ab,

wie Adam und Eva reden wir uns heraus,

wie Adam und Eva verstecken wir uns,

wie Adam und Eva wollen wir die Verantwortung nicht tragen.

Herr B. versucht eine andere Fluchtbewegung. Er hat eine Frau, die
weiß alles besser. Grundsätzlich behält sie das letzte Wort. Er kann es
drehen und wenden, wie er will, sie beharrt auf ihrem Standpunkt
und übt einen unerträglichen Druck auf ihn aus. Herr B. ist unglücklich, aber er setzt sich nicht durch. Er schweigt und frißt seine Enttäuschung in sich hinein. Zudem glaubt er an keine Änderung. Hilflos
fühlt er sich seiner Frau ausgeliefert. Er glaubt, sie hat die besseren
Argumente, sie ist schneller und entscheidungsfähiger. Beide leben
aneinander vorbei und führen eine trostlose Koexistenzehe. Eines
Tages bricht er aus und geht fremd. Die Arbeit an der Beziehung ist
ihm zu aufwendig. Er geht den Weg des geringsten Widerstandes und
setzt seine Ehe aufs Spiel. Er flieht vor der Verantwortung. Andere
Fluchtwege sind:

– sich rächen,
– schweigen,
– in Krankheiten ausweichen,
– weglaufen,
– den Partner bedrohen,
– Selbstmord (ein tödlicher Fluchtweg).

Schritt Numero 3:

Ein Beispiel, wie Eheleute Konflikte in Angriff nehmen können

Herr Scherer vom Evangeliumsrundfunk schickte mir das folgende Eheproblem:

Ein Ehepaar, 15–20 Jahre verheiratet, beide Partner »gläubig«, der eine im Glauben »angeschlagen«, haben sich im Laufe der Jahre auseinandergelebt. Die Frau hat sich überwiegend um die Kinder gekümmert, der Mann fühlt sich vernachlässigt, hat sich der Arbeit zugewandt. Ergebnis: Ehekrise. Er erwartet von seiner Frau, daß sie »mitspielt«, sein Verhalten toleriert, kann sich nicht entscheiden, zurückzukehren, will aber auch keine Trennung. Die Frau weiß auch um eigene Fehler, will sie gut machen, er aber meint: Jetzt ist alles zu spät. Monate vergehen. Es kommt zu keinen tiefergehenden Gesprächen. Was tun?

Es handelt sich um eine Ehe- und Partnerschaftsproblematik, wie sie mir in der Beratungspraxis häufig begegnet. Die Fakten, die zu der Krise geführt haben, sind genau die Symptome, die eine schwere Ehestörung in Gang setzen. Schauen wir uns die auslösenden Vorgänge genauer an.

Frau und Mann haben sich auseinandergelebt

Wie kommt so ein Auseinanderleben zustande? Wir unterliegen einem Irrtum, wenn wir glauben, daß die Entfremdung die *Ursache* für die beschriebenen Störungen in der Partnerbeziehung ist. Das Auseinanderleben der Eheleute ist die *Folge* von ehestörenden Verhaltensweisen.

In der Boulevardpresse wird oft der Eindruck beim Leser erweckt, die Ehe unterliege automatisch einem Abnutzungsprozeß. Langeweile und Gleichgültigkeit gehörten zwangsläufig zu der Institution Ehe. Dafür gibt es keinen Beweis. Wichtig ist allerdings, daß eine harmonische Ehe von beiden Anstrengungen und Arbeit erfordert.

Die Frau kümmert sich überwiegend um die Kinder

Hier wird ein falsches Verständnis von Ehe und von Familie deutlich. Die amerikanische Familientherapeutin Virginia Satir formulierte den Satz: »Die Ehe ist die Achse, um die sich alle Familienbeziehungen drehen. Ist die Achse in Ordnung, gibt es weniger Familienprobleme.«

Auch die Bibel geht davon aus, daß die Ehe vor der Familie, vor der Kindererziehung, rangiert. Sie weist darauf hin, daß die Ehe unauflöslich ist, die Kinder aber eines Tages Vater und Mutter verlassen. Beide Partner stellen sich dieser schöpfungsmäßigen Ordnung und machen sich die Priorität bewußt. Wenn sich – wie in unserem Fall – die Frau »überwiegend« um die Kinder kümmert, stellt sie die Familie über die Ehe. Die Folge ist, daß der Mann sich vernachlässigt fühlt und andere Bestätigungen sucht.

Nach meiner Erfahrung sind es oft die Mütter, die bei Eheschwierigkeiten Kinder zum *Partnerersatz* werden lassen. Sie kümmern sich zuviel um sie und blockieren einen gesunden Ablösungsprozeß. Den Kindern geht es ebenso. Aus Angst, die Liebe der Mutter zu verlieren, verharren solche Kinder in falscher Abhängigkeit. Sie lassen sich klammern, machen sich hilflos und unmündig und spielen der Mutter eine überhöhte Verantwortungsbereitschaft in die Hand.

Die Eheleute haben sexuelle Probleme

Die kurze Situationsbeschreibung des Ehepaares läßt offen, ob die Ehe noch sexuell vollzogen wird. Die Erfahrung der Beratungspraxis zeigt, daß *seelische* Probleme *sexuelle* Probleme hervorrufen. Leib und Seele sind so eng aufeinander bezogen, daß sie sofort wechselseitig reagieren.

Mann und Frau – also beide – zeigen Fehlverhaltensmuster, die geistlich und partnerschaftlich nicht zu vertreten sind. Sie rufen Abwehrhaltungen und Gegenreaktionen hervor. Beide revanchieren sich. Die körperliche Intimität ist ein Barometer für die seelische Harmonie einer Partnerschaft. Gestörte Körperkontakte sind häufig der Nebenkriegsschauplatz, auf dem Widerstände gegen den Ehe-

partner, Meinungsverschiedenheiten, Unterlegenheitsgefühle, Ge-
fühle der Vernachlässigung und Nichtbeachtung geahndet werden.
Wenn sich die Frau »überwiegend« um die Kinder kümmert, liegt
darin eine unbewußte und unverstandene Absicht. Der Mensch tut
nichts ziellos, auch wenn dieses Ziel für ihn selbst im Dunkeln bleibt.
Er handelt so, *als ob* er genau wüßte, was er will. Das gilt auch für den
Mann. Wenn er sich verstärkt seiner Arbeit widmet, ist das eine
Antwort auf das Handeln seiner Frau. Selbstverständlich kann die
Reihenfolge auch umgekehrt sein: Der Mann wendet sich der Arbeit
zu, und die Frau kümmert sich verstärkt um die Kinder. Auch bei die-
sem Problem gilt: »An ihren *Früchten* werdet ihr sie erkennen«
(Matth. 7,16). Meine Taten drücken meine Überzeugungen aus.

Wenn ich wörtlich der Problemstellung des Ehepaares folge, hat
sich zuerst die Frau dem Mann *entzogen,* indem sie den Kindern über
Gebühr Platz und Liebe einräumte. Paulus nimmt im Neuen Testament eindeutig Stellung, wenn er die Ehepartner unmißverständlich
auffordert: »Entziehet euch einander nicht, außer im gegenseitigen
Einvernehmen und nur eine Zeitlang, um für das Gebet frei zu sein«
(1. Kor. 7,5). Die Betonung liegt auf »im gegenseitigen Einverständ-
nis«. Ein einseitiges Entziehen aus welchen Gründen auch immer ist
ehestörend.

Der Mann fühlt sich vernachlässigt, hat sich der Arbeit zugewendet und dann einer anderen Frau

Weil er in der Ehe und in der Familie zu wenig Anerkennung und Bestätigung findet, stürzt er sich in die Arbeit. Die Arbeit wird zur
Flucht vor der Ehe. Die Arbeit entschädigt ihn für mangelnde part-
nerschaftliche Zuwendung. Besonders für Männer hat die Arbeit oft
einen hohen Stellenwert. Hier bekommen sie und verschaffen sie sich
Bestätigung. Unmißverständlich muß aber darauf aufmerksam gemacht werden, daß es auch möglich ist, daß ein zu karrierebewußter
Mann, der auf Leistung und Anerkennung fixiert ist, die Reaktionen
seiner Frau ausgelöst hat. Er hat sich verselbständigt und seiner Frau
das Gefühl gegeben, daß sie an seinem Lebensinhalt nicht teilnehmen
kann. Erst jetzt wendet sich die Frau den Kindern vermehrt zu. Diese

Vernachlässigung stört wiederum sein Selbstbewußtsein, und er geht bereitwillig auf die Angebote einer fremden Frau ein, die sich für ihn interessiert. Hier wird deutlich, daß Ehebruch immer eine brüchige Stelle in der Ehe voraussetzt. Bei einer wirklich harmonischen Ehe kann kaum ein fremder Partner als ernsthafte Bedrohung eindringen.

Das Hand-in-Hand-Spiel der Eheleute

Die Eheproblematik verdeutlicht, daß Ehestörungen nicht in erster Linie in der gestörten Psyche eines Partners zu suchen sind, sondern daß es fast immer *zwischenmenschliche* Störungen sind, die gemeinsam produziert werden. Nicht nur Eltern und Kinder, Lehrer und Schüler, Therapeut und Klient, sondern auch Mann und Frau spielen sich perfekt in die Hände.

Aus der Beratungspraxis will ich ein kleines Beispiel beisteuern, wie ein solches Hand-in-Hand-Spiel aussehen kann: Er sagt von ihr: »Sie setzt grundsätzlich ihren Kopf durch. Sie macht, was sie will.« Und seine Frau stellt das Hauptverhaltensmuster ihres Mannes so dar: »Er läßt mich grundsätzlich hängen. Er kümmert sich um nichts.«

Beide spielen perfekt zusammen. Beide ergänzen sich nahtlos. Die Frau übernimmt jegliche Verantwortung. Die Frau entscheidet in kleinen und großen Dingen. Er drückt sich, läßt sie hängen und kümmert sich um nichts. Je verantwortlicher sie handelt, desto passiver reagiert er. Wer in einem solchen Fall dem Mann die Schuld gibt, täuscht sich gewaltig. Beide handeln folgerichtig, beide handeln logisch. Sie spielen sich perfekt in die Hände.

Ein altes Sprichwort kennzeichnet die Situation treffend: »Wie ich in den Wald hineinrufe, so schallt es zurück.« Oder wir sagen: »Wie du mir, so ich dir.«

Der amerikanische Therapeut Eric Berne nennt das »Spiele«. Zwei Partner spielen angenehme und häßliche Spiele. Geber und Empfänger stellen sich aufeinander ein. Viele »Spiele« haben einen tragischen Charakter. Jeder kennt die Schwächen des anderen und nutzt sie in seinen Reaktionen unbewußt und unverstanden aus. Zwei

Menschen brauchen einander, um sich auf ihre Weise zu verständigen. Beide können sich beglücken, beide können sich auch ärgern. Das Spiel wird Ernst, aus dem Hand-in-Hand-Spiel wird ein handfester Machtkampf. Auch in unserem Beispiel bedeutet das Zusammenspiel Kampf. Mann und Frau befehden sich. Beide tun sich erheblich weh. Die Frau zieht die Kinder vor, er eine fremde Frau. Jeder kämpft mit seinen Waffen.

Dieser Machtkampf läuft unterschwellig ab. Die Steigerung solchen Kampfes ist *Rache*. Bei dem Mann hat man den Eindruck, daß es sich um einen Racheakt handelt. Er will heimzahlen, er demütigt sogar seine Frau damit, indem er sie bittet, sein ehebrecherisches Verhalten zu tolerieren. Was müssen für Verletzungen vorausgegangen sein, daß ein Partner solch ein Ansinnen stellt!

Wenn wir den Ehemann nicht vorschnell einseitig verurteilen wollen, müssen wir berücksichtigen, daß wesentlich die Frau dem Mann jahrelang das Gefühl ehelicher Vernachlässigung vermittelt hat. Krisen sind in der Tat zwischenmenschliche Störungen und keine reaktionsfreien Alleingänge. Darum sprechen wir juristisch von *Zerrüttung* einer Ehe und nicht mehr von Schuld, denn beide Partner haben das Dilemma produziert.

Was können die Ehepartner tun?

Ich nenne einige Regeln, die die Partnerbeziehung verbessern können.

1. Regel: *Ich frage mich ernstlich, ob ich noch an der Ehe festhalten will?*

Beide stellen ehrlich voreinander und vor Gott die Frage, ob sie noch an der Ehe festhalten wollen. Wenn beide oder einer die Frage nicht beantworten kann, sollten sie einen Berater oder Seelsorger aufsuchen, der mit beiden diese wichtige Frage klären hilft. Sie zeigen damit, daß sie's ernst meinen. Wenn einer nicht will, ist die Ehe in Gefahr. Partnerschaft ist eine Zweierbeziehung. Beide ziehen an einem

Strick, und zwar in die gleiche Richtung. Sind beide ehrlichen Herzens gewillt, die Ehe fortzusetzen, müßten sich auch Mittel und Wege finden lassen, aus der Sackgasse herauszukommen. An den aufrichtigen Bemühungen kann man ablesen, ob beide wollen oder unbewußt die Veränderung torpedieren. Nicht schöne Worte und Versprechungen entscheiden über die Kurskorrektur, sondern Taten.

2. Regel: *Ich weiß, daß Ehekonflikte zwischenmenschlicher Art sind*

Beide müssen bereit sein, ihre Ehemisere als Ergebnis *beiderseitigen* Fehlverhaltens zu akzeptieren. Das ist die Voraussetzung für eine positive Veränderung der Partnerbeziehung. Dazu gehört auch, daß jeder vor dem anderen und vor dem lebendigen Gott seine persönliche Schuld anerkennt. Es genügt kein allgemeines Schuldbekenntnis: »Wir sind voreinander und vor Gott schuldig geworden«, sondern jeder sagt dem anderen und Gott, worin er *exakt* gefehlt und Spannungen hervorgerufen hat.

3. Regel: *Ich verzichte darauf, mich zu rechtfertigen*

Sind beide bereit, die Wünsche, die ein Partner an den anderen hat, zu hören und ernstzunehmen, ohne sich zu verteidigen und zu rechtfertigen?

Professor Dr. Röhricht von der Kirchlichen Hochschule Wuppertal sagte mal zu dieser beliebten Selbstrechtfertigung: »Der Verzicht auf Rechtfertigung ist der erste Schritt zur Heiligung.« Christus hat uns ein Vorbild gegeben mit seinem völligen Verzicht auf Rechtfertigung. Wer sich rechtfertigt, klagt sich an. Er will für sein Fehlverhalten keine Verantwortung übernehmen. Er wäscht sich rein und redet sich heraus.

Wer dem Partner größere und schlimmere Schuld zuschiebt und ihm vorrechnet, handelt unbiblisch und unpartnerschaftlich. Beide müssen sagen können: »Wir haben uns in diese Misere hineinmanövriert. Was wollen *wir* beide tun, um wieder herauszukommen?«

Damit nimmt jeder die Verantwortung auf sich und schiebt sie nicht dem anderen oder bösen Umständen in die Schuhe.

4. Regel: *Ich stelle mein falsches Verhalten ein*

Wie kann die Frau die übertriebene Liebe und die Fürsorge zu ihren Kindern abbauen und sich vermehrt ihrem Mann zuwenden? Welche Wünsche hat er in der Vergangenheit geäußert? Welche Verhaltensmuster kommen ihm entgegen? Wie kann der Mann seine »Flucht in die Arbeit« verringern? Wie kann er die Abkehr von der häuslichen und ehelichen Gemeinschaft einstellen? Ist er bereit, das Verhältnis zu der anderen Frau zu lösen?

Ehe besteht aus Geben und Nehmen, Gelten und Geltenlassen, befriedigen und befriedigt werden. Beide müssen das Gefühl bekommen, daß ihre Bedürfnisse und Wünsche in der Ehe befriedigt werden. Wer die Gefühle und Bedürfnisse des anderen ignoriert, produziert Konflikte.

5. Regel: *Ich suche das Gespräch*

Wer etwas ändern will, muß das Gespräch suchen. Wer wartet, bis der andere kommt, handelt ungeistlich. Wenn einer schweigt oder beide schweigen, werden Mauern hochgezogen. Vorwürfe und Vorhaltungen verletzen und rufen Streit hervor. Doch auch Schweigen ist eine *Waffe*. Sie verstärkt den Machtkampf, in den beide Eheleute verwickelt sind. Schweigen trifft meistens einen Partner an einer empfindlichen Stelle. Wer schweigt, will den anderen bestrafen. Wer schweigt, glaubt geistlicher zu handeln als der Partner, der Vorhaltungen macht. Das ist ein Irrtum.

6. Regel: *Ich liebe den anderen, wie er ist*

Wenn beide wissen, was der andere möchte, beginnt die Kurskorrektur bei *mir*. Wer den anderen verändern will, handelt ungeistlich. Denn Liebe heißt: »Ich liebe dich – *wie du bist* und nicht, wie du sein solltest.« Wenn ich *mich* ändere, kann der andere nicht bleiben wie er ist. Wenn ich mich ändere, hat das Auswirkungen auf den anderen. Und noch ein Satz – auch aus der geistlichen Erfahrung: Wer den anderen liebt, wie er ist, ändert ihn damit am meisten. Worauf ist das zurückzuführen?

Wenn ich den Partner akzeptiere, wie er ist, komme ich ihm liebevoller, freundlicher und zärtlicher entgegen. Meine Haltung besteht nicht aus Vorwürfen und Kritik. Ich bringe ihn nicht in Spannung und Abwehr. Auch der Partner ist dankbar, wenn ihm keine Vorwürfe gemacht werden, und er hat die Möglichkeit, sein Fehlverhalten leichter zu korrigieren. Wer kritisiert und ständig den anderen verändern will, verstärkt seinen bewußten und unbewußten Widerstand.

7. Regel: *Ich bete um konkrete Einsichten*

Wenn beide Partner die Hände falten und beten, hat das Gebet nur Sinn, wenn sie den Herrn bitten, ihnen konkrete Einsichten in ihr persönliches Fehlverhalten zu geben und Kraft für die konkreten Korrekturen zu schenken. Ein Gebet: »Herr, rette unsere Ehe. Amen«, ist ein schlechtes Gebet. Es ist unfruchtbar, weil der Beter nicht bereit ist, sein Fehlverhalten zu korrigieren und sich detailliert von Christus auf seine falschen Ehemuster aufmerksam machen zu lassen. Ungenaue Pauschalgebete signalisieren keinen ehrlichen Willen, sondern zeigen eher ein Feigenblatt-Verhalten. Der Beter hat ein bißchen sein Gewissen entlastet, aber keinen entscheidenden Umkehrschritt geleistet.

Und wenn der Mann nicht will? Wenn er nicht bereit ist, von der fremden Frau zu lassen, um das Verhältnis zu lösen? Wenn er seine Frau überreden oder zwingen möchte, daß sie stillschweigend »mitspielt«? Dann sollte ich die 8. Regel befolgen.

8. Regel: *Ich muß wissen, was ich will*

Der oft mißverstandene therapeutische und seelsorgerliche Hinweis lautet: »Ich muß wissen, was ich will.« Ich stelle dem anderen Bedingungen und erpresse ihn womöglich. Dazu habe ich kein Recht. Liebe stellt keine Bedingungen. Aber ich muß wissen, was ich will. Ich muß meine Achtung vor mir behalten. Ich kann mir Wege überlegen, die ich verantworten kann. Vielleicht suche ich ein Gespräch mit einem Seelsorger und überlege, was *ich* tun kann.

Welche Schritte muß *ich* gehen, damit *ich* Frieden behalte, und zwar im Namen Jesu? Und wenn ich in christlicher Verantwortung weiß, was ich zu tun oder zu lassen habe, dann handele ich. Nicht aus *Rache* gegen jemand, schon gar nicht gegen den Ehepartner. Das ist Sünde.

Eine Möglichkeit kann lauten: »Ich kann als deine Frau eine zweite Partnerin nicht ertragen. Aber dich kann ich nicht zwingen und will es auch nicht, sie zu lassen. Darum werde ich gehen.«

Insgesamt kann man sagen: Scheidung ist keine Lösung im Sinne einer positiven Antwort auf Krisen und Konflikte in der Ehe. »Die Scheidung ist der Tod der Eheperson«, schrieb der Vater der Eheberatung und Eheforschung, Dr. Theodor Bovet. Das Wir der Ehe ist zerstört. Das Ein-Leib-Sein der Ehepartner wird aufgehoben. Auf der anderen Seite bedeutet Scheidung nichts anderes als Loslösung: Zwei Partner, die sich vor Gott und den Menschen für Zeit und Ewigkeit verschworen hatten, lösen sich voneinander. Sie lösen, was Gott zusammengefügt hat.

Ich vermeide in der Ehe Perfektionismus

Seit Jahren habe ich mir angewöhnt zu sagen: »Perfektionismus ist Sünde.« Er ist eine menschliche und geistliche Zielverfehlung. Wer sie anstrebt, macht sich unglücklich und seinen Partner dazu. Perfektionismus ist ein idealistisches Streben:

Wir wollen das Hundertprozentige zustande bringen,

wir greifen nach den Sternen,

wir planen das Vollkommene.

Auf dieser Erde können wir keine Perfektion erlangen. Wir sind und bleiben Menschen,

– die irren,

– die Fehler machen,

– die unvollkommen sind,

– die schwach werden,

– die versuchlich sind.

Das Hohelied der Liebe drückt diese Unvollkommenheit so aus: »Denn Stückwerk ist unser Erkennen und Stückwerk unsere prophetische Redegabe, und wenn das Vollkommene kommt, dann wird das Stückwerk ein Ende haben« (1. Kor. 13,9.10).

Überall läßt das Hundertprozentige zu wünschen übrig:

– in der Politik,

– in der Wirtschaft,

– im Berufsleben,

– in der Ehe,

– im Glauben,

– in der Kirche.

Auch in der Kirche wird mit Wasser gekocht. Auch unter den Heiligen – Christen werden als Heilige gekennzeichnet, als Menschen, die Gott gehören – werden ständig Schwächen, Fehler, Versäumnisse und große Verfehlungen offenbar. Wenn Christus wiederkommt,

– dann hat das Menschliche im Menschen ausgespielt,

– dann hat die Mangelhaftigkeit, die Unvollkommenheit ein Ende,

– dann dürfen wir als Vollkommene die Vollkommenheit schauen.

Bis dahin wollen wir uns mit weniger begnügen. Der englische Theologe Oswald Chambers warnt eindringlich vor dem *menschlichen* Streben nach Vollkommenheit, wenn er schreibt:

»Die Vorstellung, Gott wolle uns zu vollkommenen Musterbildern dessen machen, was er an uns zu tun imstande sei, ist ein Fallstrick; Gott hat die Absicht, uns mit sich selbst eins zu machen. In gewissen religiösen Bewegungen ist man geneigt, den Gedanken zu betonen, Gott wolle Muster der Heiligkeit hervorbringen, um sie in sein Museum zu stecken . . . Christliche Vollkommenheit ist nicht menschliche Vollkommenheit und wird es nie sein können. Christliche Vollkommenheit ist eine vollkommene Gottverbundenheit. Ich bin dazu berufen, in einer vollkommenen Verbundenheit mit Gott zu leben.«[5]

Jetzt wird es deutlich: Perfektionismus ist Sünde. Vollkommenheitsstreben, auf welchem Sektor auch immer, ist Zielverfehlung. Es sei denn, wir suchten eine vollkommene Verbindung zu Christus.

Warum beeinträchtigt Perfektionismus die Partnerschaft?

Je perfekter ein Partner sein *muß,* desto unzufriedener wird er.
- Niemals ist er mit seinen Leistungen zufrieden,
- niemals kann er sich rückhaltlos freuen,
- niemals kann er das Erreichte genießen,
- niemals kann er zugeben, daß es so ist.

Da er seine Ziele so hoch gesteckt hat, bleibt er immer hinter seinen Erwartungen zurück. Je extremer sein Streben nach Perfektionismus angelegt ist, desto leichter verfällt er in Hoffnungslosigkeit, Resignation und Verzweiflung. War das Hundertprozentige sein Ziel, so sind 10 Prozent weniger eine Katastrophe. Soll die Wohnung *makellos* sauber sein, sind Räume, die nicht auch heute rundum in Ordnung gebracht werden konnten eine Niederlage. Der Partner reagiert enttäuscht, bedrückt. Diese Unzufriedenheit belastet die Beziehung, sie untergräbt die Partnerschaft, macht unfroh. Im Glauben, im Leben und in der Liebe ist die Freude ausgeblendet. Oder sie leuchtet nur gelegentlich auf, wenn sogenannte Vollkommenheiten die Seele befriedigen.

Perfektionisten sind Alles-oder-nichts-Menschen. Was sie anstreben, tun und lassen, zeigt oft extreme Seiten:
- Sie sind himmelhochjauchzend, sobald sie ihrem Ziel nahekommen,
- und zu Tode betrübt bei Versagen.
- Sie sind als Erfolglose ganz unten,
- und bei Erfolg ganz oben.
- Sie sind ganz bei der Sache oder völlig desinteressiert.
- Sie sind die Ersten oder die Letzten.
- Sie sind extrem ehrgeizig oder bei Desinteresse extrem faul.
- Sie lieben kein Mittelmaß,
- sie hassen den Durchschnitt,
- sie verurteilen die Gleichgültigkeit,
- sie kennen keine Gelassenheit,
- sie bekämpfen die Selbstzufriedenheit, die sie jedoch mit ihrem Perfektionismus leidenschaftlich und unter Opfern anstreben.

Das Zusammenleben mit solchen Extremisten ist anstrengend. Sie fordern von sich und anderen viel. Sie pendeln zwischen zwei Extremen und vergeuden viel Energie. Leicht sind sie aus der Fassung zu bringen, weil Ruhe und Gelassenheit ihnen abgeht. Das Erreichte reicht eben nicht aus. Und wie wirkt sich Perfektionismus in der Ehe aus?
- *Alles* muß an seinem Platz sein,
- *alle* Farben müssen zueinander passen,
- *alles* Geschirr muß vollkommen aufeinander und möglichst noch zu Stil und Farbe von Teppich und Möbel abgestimmt sein,
- *alle* Worte sollen stets korrekt und sinngemäß verwendet werden,
- *alle* Anstandsvorschriften sollten genau eingehalten werden,
- *alle* Arbeit sollte systematisch, voller Eifer und sorgfältig, erledigt werden, und *alle* Fehler, beim Sprechen, im Beruf, in der Küche, im Bett, in der Kindererziehung sind eine Katastrophe.

Nicht unerwähnt möchte ich lassen, daß ein Perfektionist darum in der Ehe Schwierigkeiten hat, weil er den vollkommenen Partner gesucht hat – den es selbstverständlich nicht gibt. Weil er aber immer wieder die Latte der Vollkommenheit an den liebsten Menschen legt, wird ihm täglich die Unzulänglichkeit seines Ehepartners deutlich.

Die »Pechmarie« will alles oder nichts

Frau G. ist 26 Jahre alt. Vor zwei Jahren habe ich sie in der Beratung kennengelernt. Beim ersten Kontakt fielen mir ihre wasserblauen Augen auf, die leicht glänzten. Es sah aus, als näßten ständig Tränen ihre Augen. Aber sie weinte nicht und hatte auch nicht »nah am Wasser gebaut«, wie man zu sagen pflegt. Frau G. kam, weil sie eine »schreckliche Enttäuschung« hinter sich hatte, wie sie sagte.

Sie: »Irgendwie bin ich völlig haltlos. Ich habe meinen Mann verloren. Er hat sich ganz seiner Mitarbeit in der Gemeinde zugewandt. Ich empfinde das schlicht als Verrat. Wir waren drei Jahre verheiratet und kannten uns ein Jahr vor der Ehe.«

Ich: »Der Mann muß offensichtlich eine einzigartige Stellung in Ihrem Leben gehabt haben.«

Sie: »Ich kann Ihnen das kaum beschreiben. Er kam in mein Leben, und alles veränderte sich total. Ich wurde ein anderer Mensch. Ich lernte die Liebe kennen und war wie umgewandelt. 22 Jahre war ich alt, als sich mein Leben um 180 Grad drehte.«

Ich: »Und diese Drehung um 180 Grad verdanken Sie ausschließlich diesem Mann?«

Sie: »Ja, wissen Sie, das ist eine komplizierte Geschichte. Damals wohnte ich mit meiner Freundin zusammen und besuchte eine Zeltevangelisation. Wir kamen uns so leer und ausgebrannt vor. Kein richtiges Ziel und alles ohne klare Linie. Die Evangelisation hat uns beide gepackt. Das Thema ›Jesus Christus – der Sinn deines Lebens‹, das Thema weiß ich noch genau, hat den Ausschlag gegeben. Wir gingen nach vorne, das war so üblich, und haben unser Leben diesem Herrn übergeben. Ich kann Ihnen gar nicht beschreiben, wie leicht wir uns fühlten. Endlich einen Halt und Sinn im Leben. Wir schlossen uns einem Kreis junger Menschen an, und da lernte ich den Mann meines Lebens kennen.«

Ich: »Vorher hatten Sie keine Männerbekanntschaften?«

Sie: »Nein. Ich hatte keine Neigung und nie das Gefühl, daß ich außer Waltraud (ihre Freundin) einen anderen Lebenspartner brauchte. Aber in dem Jugendkreis war alles anders. Für mich brach ein neues Leben an. Zum ersten Mal fühlte ich mich in dieser Welt wohl. Und dann kam Thomas, zwei Jahre älter als ich. Er gehörte zu den Mitarbeitern der Gemeinde und hat mir den Einstieg in den Kreis wesentlich erleichtert.«

Ich: »Und Waltraud?«

Sie: »Sie war überall mit dabei. Wir gingen zusammen in den Jugendkreis, wir trafen uns mit Thomas, zusammen sangen wir im Chor (sie fängt plötzlich laut an zu schluchzen). Und das ist heute alles vorbei.«

Ich: »Sie betonen alles!«

Sie: »Ich habe radikal mit allem Schluß gemacht. Meine Verbitterung macht mir zu schaffen. Ich bin entwurzelt, anders kann ich das gar nicht ausdrücken. Kein Oben und kein Unten. Ich möchte am liebsten schlafen und nicht wieder aufwachen.«

Ich: »Es hört sich so an, als hätten Sie mit dem Mann jeden Halt verloren.«

Sie: »Stimmt genau. Ich hänge in der Luft, ich frage mich manchmal, warum ich noch keinen Selbstmord begangen habe.«

Ich: »Vielleicht ist da doch noch ein Mensch oder ein Jemand, der Ihnen nahesteht?«

Sie: »Wenn Sie mit dem Jemand Gott meinen, das ist aus. Vielleicht bin ich ungerecht, aber er hat mich das Paradies erleben lassen und hat mich mit einem Fußtritt daraus vertrieben.«

Ich: »Das haben Sie sehr schön poetisch ausgedrückt.«

Sie: »Ist aber tief tragisch, glauben Sie mir!«

Ich: »Wenn ich mir Ihre Lebensgeschichte anhöre, habe ich den Eindruck, Ihnen ist ganz übel mitgespielt worden.«

Sie: »Ich bin die Pechmarie. So hat mich eine Diakonisse schon als Kind gerufen. Das bin ich auch. Mich verfolgt das Pech. Alle sind gegen mich. Auch Gott. Das muß ich heute annehmen.«

Ich: »Und wenn Sie weiterhin fest daran glauben, daß sich Ihr 26jähriges Leben negativ vollenden muß, dann wird es auch geschehen. Sie glauben fest daran und bereiten den negativen Ausgang systematisch vor.«

Sie: »Was soll ich denn tun? Bei mir sitzt alles in roten Zahlen. Ich habe mich einem Kerl an den Hals geworfen, der ist auch noch verheiratet. Alle meine Prinzipien habe ich über Bord geworfen. Aber auch mit dem verheirateten Kerl klappt nichts. Meine sexuellen Gefühle sind tot. Mit Waltraud ist es völlig aus. Die

Gemeinde habe ich fluchtartig verlassen, weil mir plötzlich alles verlogen vorkam.«

Ich: »Die ganze Welt hat sich gegen Sie verschworen.«

Sie: »Aber etwas muß ja mit mir auch nicht stimmen. Man sagt mir, ich sähe gut aus, aber mit der Liebe hapert's bei mir.«

Ich: »Mit der Liebe im Allgemeinen oder im Speziellen?«

Sie: »Mit der Liebe im Allgemeinen. Ich möchte mal wissen, was mit mir los ist. Bei den geringsten Auseinandersetzungen werde ich radikal und gehe auf's Ganze. Ich nehme keine Rücksicht und mache alles kaputt.«

Ich: »Sie werden radikal und gehen auf's Ganze. Sie können also schlecht vermitteln und sich flexibel verhalten.«

Sie: »Ich bin schrecklich direkt. Das Drumherum liegt mir nicht. Ich sage, was ich denke, und trete in jedes Fettnäpfchen.«

Frau G. erzählt aus ihrer Lebensgeschichte. Sie ist Heimkind. Ihre Mutter hat sie nie kennengelernt. In den ersten 6 Lebensjahren hat sie 4 Heime kennengelernt. Der Vater hat wiedergeheiratet und wollte das Kind nicht haben. Sie kennt den Vater, hat aber keine innere Beziehung zu ihm.

Sie: »Ich kann ihm nicht verzeihen, daß er mich verstoßen hat. Eine neue Frau war ihm wichtiger als ich. Ich war ihm im Wege. Nirgendwo gehörte ich richtig hin.«

Ich: »Und er hat nie die Verbindung zu Ihnen gesucht?«

Sie: »Doch, einige Male. Er kam, brachte mir Süßigkeiten mit und ging mit mir spazieren. Aber ich hatte einen unwahrscheinlichen Zorn in mir. Ich erinnere mich genau. Vielleicht war ich 4 Jahre alt oder 5. Er holte mich aus dem Haus heraus, und wir gingen an einem Bach entlang. Wir setzten uns auf einen umgefallenen Baum und schauten ins Wasser. Er versuchte, über mein Haar zu streicheln. Dann platzte ich los: ›Laß das!‹ Ich höre mich heute noch reden und schreien. Ich schrie, sprang von dem Baumstamm herunter und lief weg. Mein Vater hinterher. Er holte mich ein und hielt mich fest. ›Hast du mich denn nicht wenigstens ein bißchen lieb?‹ Ich zögerte keinen Augenblick und schrie es ihm ins Gesicht: ›Laß mich in Ruhe, ich bin dir ja doch lästig.‹ Er drückte mich, aber ich wehrte mich heftig. Von da an war der Kontakt mehr oder weniger kaputt.«

Was veranschaulicht die Lebensgeschichte von Frau G.?

Ich greife einige Schwerpunkte heraus.

1. Sie ist ein verstoßenes Heimkind

Frau G. schildert ihre Kindheit in düstersten Farben. Die Mutter hat sie nicht kennengelernt. Der Vater hat sie sitzen gelassen. Sie hatte immer das Gefühl, im Wege zu stehen. »Nirgendwo gehörte ich richtig hin.« In den Hauptprägephasen ihres Lebens lernte sie vier Heime kennen. Die Bezugspersonen wechselten ständig. Frau G. lernte keine normale Beziehung kennen. Ihre Beziehungsfähigkeit konnte sich nicht zufriedenstellend entwickeln. Innige Kontakte zu *einer* Person fehlten. Der Wunsch, eine solche Beziehungsperson zu besitzen, steigerte sich ins Anormale. Ein starker Mangel läßt extreme Wünsche reifen. Frau G. ist dafür ein Beispiel. Sie will nachholen, was sie versäumt hat, sie will mit aller Macht an sich reißen, was ihr brutal vorenthalten wurde.

2. Sie ist ein Alles-oder-nichts-Typ

Wie ein roter Faden zieht sich durch ihren Bericht eine Entweder-Oder-Gesinnung. Wörter wie »total«, »alles«, »nichts«, »auf's Ganze«, »völlig«, »radikal« gehören zu ihrem ständigen Wortschatz. Sie kennt keine Flexibilität und kann sich schlecht arrangieren. Beziehungen, die in ihrem Bericht zur Sprache kommen, sind durch Extreme gekennzeichnet. Ihre Freundin Waltraud hat sie *völlig vereinnahmt* und von allen anderen Kontakten ferngehalten. Sie geht im anderen »völlig« auf, oder ist »völlig haltlos«, wie sie selbst formuliert. Diese extreme Verhaltensdarstellung ist zweifellos ein Produkt ihrer Kindheit. Ihr Mann trat in ihr Leben und »alles veränderte sich total«. Sie erfährt eine Wandlung um 180 Grad. Die Ausschließlichkeit, mit der sie andere Menschen in Beschlag nimmt, muß zwangsläufig zu Krisen und Konflikten führen. Kein Mensch kann diese übertriebene Distanzlosigkeit verkraften.

3. Sie leidet unter Perfektionismus

Frau G.'s Hundertprozentigkeit macht ihr am meisten zu schaffen. Perfektionismus ist aber ein Verhaltensmuster, womit sich der Mensch viel Ärger und Pein einhandelt. Er leidet an überhöhten Ansprüchen an sich und andere. Er will das Vollkommene, das Heile, das Makellose. Kleine Fehler wirken wie ein umgestürzter Suppentopf auf einem Perserteppich. Sie lösen seelische Schmerzen und chronische Unzufriedenheit aus. Der Alles-oder-nichts-Typ greift auf vielen Gebieten nach den Sternen. Und kann er die strahlenden Sterne nicht greifen, quält und grämt er sich, bis er im Fegefeuer landet, ein Fegefeuer, das er selbst angeheizt hat. In ihrem Perfektionismuswahn kennt Frau G. Liebe und Zuwendung nur in lupenreiner Ausführung. Und weil es diese überirdische Liebe auf dieser Erde nicht gibt, *muß* sie leiden. Auch das ist nicht korrekt: Sie *will* leiden.

4. Sie zieht radikal Konsequenzen

Die Alles-oder-nichts-Haltung beschert Frau G. viele Lebensprobleme. Etwas Halbes und Halbherziges – in ihren Augen – kann sie nicht bejahen. Wer nicht hundertprozentig zu ihr steht, wird abgeschrieben. Dem Vater zeigte sie als Kind die kalte Schulter. Er hatte eine andere Frau vorgezogen und bekam die krasse Ablehnung zu spüren. Sie will nicht unter »ferner liefen« rangieren. Im Grunde steckt ein hoher Anspruch dahinter: »Ich bin wichtig, und erwarte, *total* geliebt zu werden.« Der Mann ihres Lebens erfährt das gleiche Schicksal. In den Beratungsgesprächen wird deutlich, was für ein »lieber Mann« der Partner war. Der Inhalt seines Lebens war die junge Frau. Sein Dichten und Trachten drehten sich um den Lebenspartner. Wie ein Satellit kreiste er um seine Frau und erntete doch nur Vorwürfe, wenn er sich für Sport, Gemeindekreise und Mitarbeiterschulung interessierte. Sie hing ihm wie eine Klette am Hals und schnitt ihm die Luft zum freien Atmen ab. Schnell steigerte sich in ihr Verlassenheitsangst, und sie reagierte mit unverständlichem beleidigtem Verhalten. Der Mann »floh« zunehmend in Veranstaltungen, die er leiten mußte, in Aktivitäten, die er bewußt *und* unbewußt inszenierte. Die Frau packte ihre Koffer, zog den berühmten »radikalen Schlußstrich«. Auf ähnliche Weise verlor sie ihre Freundin Waltraud. Die

Freundin hatte es gewagt, ihr Vorhaltungen zu machen und sie auf die unangemessenen Besitzansprüche an ihren Mann aufmerksam zu machen. Waltraud erhielt ebenfalls die Quittung für ihr »liebloses und herzloses Verhalten«, wie Frau G. sich äußerte. Frau G. schrieb ihr einen Abschiedsbrief, indem ein Satz wieder die negative Kompromißbereitschaft offenbart. »Es hat keinen Zweck mehr mit uns beiden, wir trennen uns besser für immer.«

5. Sie glaubt an die Pechsträhne

Frau G. ist überzeugt, daß es Glückspilze gibt und Pechmarien. Die einen seien vom Schicksal bevorzugt, die anderen schlicht vergessen. »Schauen Sie sich mein Leben an! Alles ging schief, alles lief immer auf der Pechschiene.«

Ihr geht nicht auf, daß sie diese Lebensansicht *benutzt,* um bedauert zu werden. Sie gesteht, daß sie oft damit Erfolg hatte. Menschen ließen sich von ihrem Pessimismus in ihren Schilderungen erweichen. Sie glaubte, das Pech abonniert zu haben, wich vielem aus. Frau G. sah nicht, daß die Pechsträhne ein Produkt unserer Beurteilung ist. Pech ist immer in den Augen des Betrachters Pech, Unglück ist das Ergebnis meiner Wahrnehmung. Es fiel Frau G. sehr schwer, den Zusammenhang zwischen ihren extremen Erwartungen und den Mißerfolgen und Pechsträhnen wahrzunehmen. Je mehr sie von den Freunden, dem Vater oder dem Mann forderte, desto wahrscheinlicher mußte sie mit Enttäuschungen rechnen. Wer Höchstleistungen erwartet, muß Leistungen, die darunterbleiben, als Versagen bezeichnen.

6. Sie gibt auch Gott die Quittung

Ihre Alles-oder-nichts-Haltung wird auch im Glauben sichtbar. Wer alles gibt, will keinen halben Lohn. Frau G. ist ein Mensch, der von Kind auf trainiert hat, anderen die Schuld zu geben. Sie hat gelernt, andere für Mißerfolge verantwortlich zu machen. Die geradlinige und kompromißlose Lebensstilhaltung der Klientin bringt es mit sich, daß sie auch Gott abrupt im Stich läßt. Gott macht sie verantwortlich dafür, daß er sie das Paradies in der Ehe und im Glauben hat erleben lassen, um sie anschließend um so schrecklicher zu verstoßen. »Er mußte mir das Schöne ja nicht zeigen, wenn er mir's anschließend wieder nehmen will«, kommentiert Frau G. Sie handelt wie ein trotziges Kind, das bei klirrender Kälte ohne Handschuhe vor die Türe läuft und sich die Händchen blau frieren läßt mit der rachsüchtigen Bemerkung: »Das hat die Mutter eben davon, weil sie mich nicht lieb hat.«

Nach diesem Bruch mit *allem* hat sie das Gefühl, völlig in der Luft zu hängen. Aber sie ist sich treu geblieben. Sie glaubt, Unehrlichkeit gegen sich und andere nicht dulden zu dürfen. Heimatlos und vereinsamt sucht sie in höchster Verzweiflung die Beratungsstelle auf. Daß sie mit Selbstmordgedanken spielt, hat seine zwingende Logik. Frau G. ist am Ende.

Wie kann Frau G. ihren Lebensstil ändern?

Kann sie aus der Sackgasse ihres Lebens herauskommen?

1. Sie muß ihr Alleinsein und ihre Isolierung überwinden

Ihre verzweifelte Grundhaltung ist eine gute Basis für eine notwendige Kurskorrektur. Frau G. kann im Grunde ohne Menschen nicht sein. Ihre depressive, klammernde Charakterstruktur nötigt sie geradezu, sich an Menschen und an Gott zu binden. Ihre radikale Loslösung von allem entspricht einem beleidigten Rückzug. Im Beratungsprozeß wird ihr deutlich, daß sie Menschen und sogar Gott *strafen* will, weil sie sich von ihnen im Stich gelassen glaubt.

Es kostet sie eine große Überwindung, ihrer Freundin einen Brief zu schreiben, in dem sie um Entschuldigung bittet, daß sie in »pharisäerhaftem Übereifer« das Tischtuch zerschnitten hatte. Wir sprechen jeweils die Erfahrungen durch, die sie dabei macht. Frau G. bestätigt, daß die alternative Lebenseinstellung Erfolg hat, daß sie neue Erfahrungen macht. 8 Tage später reist ihre Freundin Waltraud an, beide liegen sich in den Armen, festigen ihre alte Freundschaft. Sie ist glücklich, daß sie in der Tat ihr Drehbuch des Lebens *umschreiben* kann, daß eingefleischte Erwartungen sich nicht zwanghaft erfüllen müssen. Die gemachten Erfahrungen sind die stärksten Anreize für Frau G., die eingeschlagene Kurskorrektur beizubehalten.

2. Sie muß ihre überhöhte Anspruchshaltung aufgeben

Frau G. arbeitet *übergewissenhaft* in der Beratung mit. Im Grunde geht sie mit der gleichen Perfektion an ihre Lebensstilkorrektur heran, wie sie vorher ihre Lebensziele zu verwirklichen suchte. Was sie macht, macht sie gründlich und hundertprozentig. Wir sprechen bewußt kleine Änderungsschritte durch. Mit großer Geduld erhebe ich ihre Anspruchshaltung zum Gespräch. Hin und wieder kann sie schon über ihr Vollkommenheitsstreben lächeln. Gelingen ihr die kleinen Schritte, ist sie stolz und zufrieden. Ganz wird sie ihren hohen Anspruch nach menschlichem Ermessen nie ablegen. In einem Gespräch sagte ich ihr: »Gelänge Ihnen die Vollkommenheit, wären Sie ein Engel, und einen Engel kann auf dieser Welt kein Mensch lieben.«

Auch in der Firma arbeitet sie übergewissenhaft. Als Sekretärin verzeiht sie sich keinen Fehler. Jeder Brief mit Tippfehlern wird neu geschrieben. Sie lernt es, zu Schönheitsfehlern ja zu sagen und erlebt, daß sie nicht gerügt wird.

3. Sie muß sich annehmen, wie sie ist

Frau G. sagt nicht ja zu sich. Sie hält sich für zu klein, zu dumm und zu wenig anziehend. Sie denkt schlecht über sich und mag sich nicht leiden. Sie setzt sich herab und haßt sich. Diese übertriebene Herabsetzung ist der Motor für ihren Perfektionismus.

Sie glaubt, nur bestehen zu können, wenn sie
– mehr leistet als andere,
– wenn sie radikaler und geradliniger ist als andere,
– wenn sie vollkommener handelt als andere,
– wenn sie das Höchste von sich und anderen fordert.

Solange sie sich selbst kritisiert, schlecht macht und sich haßt, wird sie nicht ja zu sich sagen können.

4. Sie muß ihre Alles-oder-nichts-Haltung reduzieren

Worte wie »alles«, »nichts«, »total«, »ganz«, »alles aus«, »völlig« gehen ihr schnell über die Lippen. Sie lebt von Extremen und denkt in Extremen. In dieser Haltung verkörpert sie einen egoistischen Besitzanspruch, der ihr viel Kopfschmerzen verursacht. Sie versucht in der Beratung, mich voll für sich einzuspannen. Mit allen Mitteln probiert sie, zusätzliche Termine zu erpressen. Abends spät ruft sie an, um irgendein Problem abzuklären. Zweimal kommt sie unangemeldet und will »nur kurz ein lebensentscheidendes Thema« loswerden. Diese Sonderzuwendungen, die sie im bisherigen Leben mit Tränen, Ankündigung von Konsequenzen, mit Schmollen und Selbstmorddrohungen durchgesetzt hat, erhebe ich in einigen Beratungsstunden zum Gespräch. Dieser irrtümliche und dissoziale Lebensstilaspekt wird ohne Wenn und Aber ins Bewußtsein gehoben. Wir gehen schonungslos die Folgen ihres kompromißlosen Handelns durch und erarbeiten gemeinsam konstruktivere Verhaltensmuster, die sich im zwischenmenschlichen Umgang positiver auszahlen.

5. Sie muß ihre Glaubensansprüche herunterschrauben

Der Glaube ist kein *Werk* und keine menschliche Leistung. Wir werden ohne Leistung gerechtfertigt – allein aus dem Glauben. Ich bin immer wieder in der Beratungspraxis erstaunt, wie viele feine Christen *mit dem Kopf* die Bibel begriffen haben. Aber das Leistungsdenken steckt uns wie eine teuflische Verführung in Herzen und Hirn. Wir *wissen* um die Gnade, aber wir *leben* die Werkgerechtigkeit.

Frau G. macht es ebenso. Sie will sich nichts schenken lassen. Schließlich wurde ihr ja auch nichts im Leben geschenkt. Mit aller Kraft will sie es sich *verdienen*. Aber wenn sie es nicht schafft – und kein Mensch wird es schaffen –, versinkt sie in tiefe Verzweiflung und Selbstmordgedanken. Sie handelt wie ein trotziges Kind, das seinen Willen nicht bekommt, zieht sich beleidigt zurück und kehrt Gott selbst den Rücken. Gott liebt uns, wie wir sind, und nicht erst, wenn wir unsere hohen Glaubensansprüche realisiert haben. Frau G. hat es sich sehr schwer gemacht, die Hand des Glaubens wieder auszustrekken. Warum? »Ich habe ›nein‹ zu Gott gesagt. Er kann mich doch nicht ernstnehmen, wenn ich einige Wochen später umkippe und angekrochen komme.« Sie handelt gegen sich unbarmherziger, als Gott mit den Menschen handelt. Aber sie kann in homöopathischen Dosen diese Glaubenshaltung ändern. Die Einsicht und das Gebet sind dabei eine große Kraftquelle.

Schritt Numero 5:

Ich will meinen Selbstbestrafungszwang abbauen

Der Selbstbestrafungszwang kommt in normalen Ehen häufiger vor, als wir glauben. Er hindert eine harmonische Ehe, zerstört das gemeinsame Glück und belastet die Partnerschaft auf vielen Gebieten mehr, als den Beteiligten lieb sein kann. Der Selbstbestrafungszwang hat eine lange Vorgeschichte, ist darum tief im Wesen des Menschen verankert und braucht eine geduldige Korrektur. Es ist notwendig, die Selbstbestrafungstendenzen in Handlungen, Formulierungen und Gedanken aufzuspüren, um ihnen die gefährliche Spitze zu nehmen. Sehr oft ist es die Frau, die mehr Selbstbestrafungstendenzen zeigt als der Ehemann. Aber keineswegs sind Männer von diesem sich belastenden Verhalten ausgeschlossen.

Was ist eine Selbstbestrafung?

Menschen, die das Bedürfnis verspüren,
- sich ununterbrochen selbst schlecht zu machen,
- sich ständig selbst eins draufzugeben,
- sich selbst zu tadeln und zu kritisieren,
- sich mehr als notwendig Vorwürfe zu machen,
- unangemessene Schuldgefühle zu empfinden,
- sich in ihrem Wert infrage zu stellen,
- sich übertrieben schlampig, verwerflich, unverträglich, schlecht und böse zu fühlen,
- sich unangebracht selbst zu zerfleischen, oder
- sich einen Partner zu suchen, unter dem man leidet,
- sich Arbeiten oder Pflichten aufzuerlegen, die man selbst als Strafe auffaßt,
- sich Schuldgefühle aufzupacken, wenn man harmloses Vergnügen anstrebt.

Das sind die häufigsten Verhaltensweisen, aber es gibt noch ungeahnte Möglichkeiten mehr. Irgendwie hat der Ehepartner das Gefühl, büßen zu müssen. Und er empfindet sich:

48

- als einer, der sich ständig ertappt fühlt,
- als schlechte Ehefrau,
- als miserable Geliebte,
- als Versager.

Sie werden rot, wenn ihnen einer ein Kompliment macht. Denn im Grunde sind sie es nicht wert und haben das Lob nicht verdient. Ihre Unwürdigkeit wurde ihnen als Kind anerzogen. Und diesen Makel aus der Kindheit können sie nicht einfach abschütteln wie eine Katze die Regentropfen. Deutlich wird, daß diese Selbstbestrafungstendenzen jedes normale Maß übersteigen. Sie haben mit wirklicher Sünde selten etwas zu tun. Die Gefühle werden produziert, weil sie in der Kindheit von einem Elternteil oder beiden unaufhörlich gedemütigt, in ihrem Selbstwert beschnitten und als böse, schlecht und lieblos charakterisiert wurden.

Wie hat sich ein Bestrafungszwang aufgebaut?

Das Kind hatte Eltern, die ständig an dem Kind herumkritisierten, es ermahnten, es bestraften und frustrierten. Hatten Sie das Pech, als »schwarzes Schaf« unter anderen Geschwistern zu gelten, war sicherlich das Maß voll. An jeder Dummheit waren Sie selbstverständlich beteiligt. An jeder bösen Tat, die im Hause verübt wurde, wurden Sie als Haupttäter vermutet. An Ihnen blieb kein gutes Haar. Oft wurden die Eltern selbst übertrieben streng erzogen, haben im Nachhinein von Schlägen und Strafen eine gute Meinung und reden sich ein, daß solche »Lehren« nur förderlich und dienlich sind.

Eine andere Variante der Eltern, die die Selbstbestrafung bei Kindern enorm fördert, ist der *Perfektionismus*. Da die Kinder solchen Eltern nichts recht machen können, geht pausenlos ein Kritikregen auf sie nieder. »Tausendmal« am Tag hören sie, daß sie nicht taugen und nicht genügen. Der Perfektionismus ist zudem leicht mit Pessimismus verbunden, der dem gesamten Blickwinkel der Eltern eine dunkle Brille aufsetzt. Alles sehen sie düster und befürchten bei den Kindern die unglaublichsten Dinge. Sie trauen ihnen nichts zu und verunsichern sie über Gebühr. Die Eltern meinten es gut, wenn sie das Kind züchtigten und bestraften. Sie wollten ihm
- eine anständige Gesinnung beibringen,

- es zum eigenen Vorteil hart anfassen,
- es aus Liebe zum Guten führen,
- es durch Bestrafungen vor Bösem bewahren,
- die Schlechtigkeit austreiben,
- es zu hohen moralischen Anforderungen ermutigen.

Wie gesagt, die Absichten mögen gut und edel gewesen sein, die Wirkungen sind es in der Regel nicht. Überzeugte Christen haben hier oft des Guten zuviel getan und ängstliche, sich schuldig fühlende und unsichere Kinder erzogen. Aus der Fülle der Möglichkeiten, wie Kinder von ihren Eltern behandelt wurden, einige Beispiele.

Stand das Kind vor dem Spiegel, hieß es:

»Was bist du eitel!«

Wenn es Süßigkeiten aß, hieß es:

»Was bist du verfressen!«

Wenn es mal gelogen hatte, hieß es:

»Was bist du verdorben!«

Wollte das Kind nicht zum Gottesdienst mitgehen, hieß es:

»Wie kann man Gott gegenüber nur so gleichgültig sein!«

Wenn das Kind irgend etwas angestellt hatte, hieß es:

»Du machst mich verrückt! Du machst mich krank!«

Wenn das Kind das Zimmer nicht aufgeräumt hatte, hieß es:

»Du bist ein fürchterlicher Schlamper!«

Den meisten Eltern unterlaufen gelegentlich solche Vorwürfe. Sie sind nervös, überarbeitet und wurden wirklich von den Kindern gereizt. Solche Ausrutscher zählen nicht. Hier ist mehr gemeint,
- die ständig kritische und vorwurfsvolle Grundeinstellung,
- die negative und bedrückende Gesamthaltung,
- die über Jahre anhaltende chronische Vorwurfshaltung.

Diese bunte Palette von Beschuldigungen und Anklagen, die Sie in der Kindheit erdulden mußten, sind selbstverständlich nicht wie Erbsen an der Wand abgeprallt. Die Folge ist,
- daß Ihre spätere Selbstachtung angeknackst ist,
- daß Ihre Persönlichkeit an der Entfaltung gehindert wurde,
- daß Sie sich ständig bestrafen und mißhandeln müssen,
- daß Sie selbst später Ihre Kinder strafen, kritisieren, anklagen und mit Vorwürfen belegen.

Selbstbestrafung im sexuellen Bereich

Frau K. ist eine junge hübsche Frau von 32 Jahren. Sie legt auf äußerliche Gepflegtheit großen Wert, lehnt aber zuviel Kleideraufwand strikt ab. Sie kommt, weil sie sexuelle Probleme hat und »endlich« mal darüber mit jemandem reden muß.

»Irgendwie finde ich alle sexuellen Praktiken schmutzig und unanständig. Ich weiß mit dem Kopf, daß das falsch ist. Schließlich bin ich verheiratet. Immer, wenn es zum Verkehr kommt, habe ich das Gefühl, die Sache ist gemein. Ich fühle mich unwohl und komme mir oft wie eine Hure vor.«

Frau K. hat ein miserables Selbstwertgefühl, keine gute Meinung von sich und möchte sich am liebsten ins Mauseloch verkriechen. Vater und Mutter waren beide sehr streng und bestraften die kleinsten Vergehen. Frau K. war ältestes Kind und erlebte die elterliche Besorgtheit doppelt. Die Eltern wollten keinen Fehler machen und bestraften zur Vorsicht lieber mehr als zu wenig.

Frau K. erzählt eine frühkindliche Erinnerung, die deutlich ihr jetziges Lebensgefühl widerspiegelt und die kindliche Atmosphäre beschreibt.

»Ich bin etwa 4 Jahre alt und spiele mit anderen Kindern auf dem Spielplatz. Es hat geregnet und überall stehen Pfützen. Ich habe ein helles, weißes Kleid an und springe mit den Kindern über den Platz. Plötzlich höre ich die Uhr schlagen. Jetzt weiß ich, daß ich sofort nach Hause kommen muß. Meine Mutter empfängt mich an der Tür und schimpft sofort los. Ich sähe aus wie ein Schwein und benähme mich auch so. Sie riß mir die Kleider vom Leib. Ich mußte in das Badezimmer und bekam einige Tage Hausarrest. Ich habe mich schrecklich geschämt und kam mir schlecht vor.«

Frühkindliche Erinnerungen spiegeln unseren Lebensstil wider, unsere Einstellung zu uns selbst, zu anderen, zur Welt, zu unseren Zielen und zeigen die Verhaltensweisen, wie wir unser jetziges Leben gestalten.

Die Themen Sauberkeit, Schmutz, Scham, Anständigkeit, Unanständigkeit und schmutziges Verhalten spielen in der Erinnerung die Hauptrolle. Genau diese Punkte sind es, die Frau K. beunruhigen und belasten. Ihre moralisierenden Eltern haben sie so in ihrem Selbstwert als Älteste ständig herabgesetzt, daß sie heute noch das Gefühl hat, sich schmutzig, unanständig und schlecht zu verhalten. Die Gedanken haben sich so tief eingenistet, daß sie oft in der Wohnung vor sich hinweint und über ihre Minderwertigkeit erschüttert ist. Sie bestraft sich mit unangebrachten Vorwürfen, belastet ihre Ehe, die sexuell unerfüllt bleibt, und quält ihren Mann, der das Ganze nicht versteht und immer verzweifelt seinen Kopf schüttelt. Sie geht nicht ins Schwimmbad, weil sie Männer in ihrem Badeanzug reizen könnte, trägt sehr konservative Kleider, um ja nicht die Blicke der Männer herauszufordern.

Eines Tages wird sie vor einem Geschäft von einem wildfremden Mann angesprochen, der ihr einen sogenannten »unsittlichen Antrag« macht. Sie ist schockiert über *ihr* Verhalten und grübelt tagelang darüber nach, was sie getan haben könnte, um den wildfremden Mann zu reizen. Wochenlang sei sie sexuell nicht anzurühren gewesen. Ihr Mann hätte sich bestimmt an ihr schmutzig gemacht.

Was können Sie praktisch tun, um die Selbstbestrafung abzubauen?

1. Machen Sie sich Ihre Selbstbestrafungen klar!

Lassen Sie die Gefühle zu, die Sie empfinden, wenn Sie an bestimmte Situationen in der Kindererziehung und in der Ehe denken. Kennzeichnen Sie die Augenblicke in Ihrem jetzigen Leben, wo Sie feindselige, schuldbeladene und selbstherabsetzende Wünsche und Gedanken hegen! Seien Sie nicht entsetzt, daß Sie solche Gefühle haben! Sie können dann zu sich sagen:

»Ja, ich merke, ich fühle mich dumm, kindisch, schmutzig, unordentlich. Das habe ich jahrelang in meiner Kindheit gelernt. Meine Eltern haben es mir eingetrichtert. Aber ich muß diese übertriebenen Gefühle heute nicht mehr haben. Sie sind übertrieben und unrealistisch.«

Sie sehen sich als das Kind von früher, aber heute sind Sie erwachsen. Die Gefühle von damals müssen Sie nicht pausenlos wiederholen. Die Selbstvorwürfe aus der Kinderzeit müssen nicht Ihr Erwachsenenleben beherrschen. Ändern Sie in kleinen Dosen! Seien Sie nicht enttäuscht, wenn die Minderwertigkeitsgefühle und Selbstbestrafungssituationen immer mal wieder durchbrechen. Sie dürfen rückfällig werden. Das ist menschlich. Morgen und übermorgen und in einem Jahr werden Sie schon 10 Prozent selbstbewußter, selbstvertrauender und zuversichtlicher sein.

2. Sprechen Sie mit Ihrem Partner Ihre Selbstbestrafungswünsche durch

Was hat das für einen Sinn? Sie heben alle Erniedrigungen, die Sie in Ihrer Kindheit erfahren haben, ans Licht. Sie schämen sich nicht, rückhaltlos dem liebsten Menschen Ihre Erniedrigungen zu berichten. Sie können sich beistehen und helfen, der Selbstbestrafung Grenzen zu setzen.

»Willst du noch das kleine Mädchen von damals sein und dich klein, schmutzig und beschämt zeigen?«

»Willst du dich weiterhin als Taugenichts fühlen und als Versager, nur weil dein Vater dir jahrelang solche Prophezeiungen mit auf den Weg gegeben hat?«

»Der Mensch ist das, wozu ihn seine Gedanken machen,« hat der römische Philosoph und Kaiser Marc Aurel geschrieben. Unsere Gedanken und Vorstellungen bestimmen unser jetziges Leben. Deuten wir bestimmte Situationen negativ, dann erleben wir sie negativ. Warum will sich die Frau als »Hure« bestrafen? Nur weil sie in der Stadt von einem wildfremden Menschen angesprochen wurde? Kann sie nicht positiv reagieren und ermutigend mit sich reden?

»Ich freue mich und bin Gott dankbar, daß ich eine ansehnliche Figur habe, begehrenswert bin und den Menschen gefalle.«

Auch in diesem Sinne heißt Bußetun: *Sinnesänderung* betreiben. Unsere Gedanken und Vorstellungen bekommen eine andere Richtung.

3. Vermeiden Sie es, bei Ihren Kindern, wiederum den Selbstbestrafungszwang auszulösen

Sie wollen ihnen – gut gemeint selbstverständlich – »Zucht und Ordnung« beibringen. Bedingungsloser Gehorsam, ständige Kritiksucht, pausenloses Moralisieren und Herabsetzen sind Gift für das Kind und haben mit christlicher Erziehung nichts zu tun. Das Wort an die Eltern im Epheserbrief ermahnt sie, mit Vorwürfen und Bestrafungen sparsam umzugehen:

»Ihr Eltern, behandelt eure Kinder nicht so, daß sie widerspenstig werden. Vielmehr sollt ihr sie in christlicher Ordnung erziehen und zum Glauben anhalten« (Eph. 6,4).

Bestrafungen fordern passiv oder aktiv Widerstand des Kindes heraus. Respektlosigkeit, Haß und Furcht sind oft die Folgen von Härte, zu großer Strenge und Bestrafungsmanie. Die Macht der Eltern fordert leicht die Gegenmacht des Kindes heraus.

4. Vermeiden Sie es, Ihren Kindern stets mit Mißtrauen gegenüberzutreten

Wenn Sie Ihren Kindern nicht vertrauen, werden die Kinder Sie automatisch enttäuschen. Die Kinder tun genau das, was Sie befürchten. Ein Beispiel:

»Kommst du mir mit einem Kind nach Hause – bei deiner Lebensweise würde ich mich nicht wundern –, werfe ich dich hinaus«, sagen die Eltern.

Wir dürfen uns nicht wundern, wenn die Tochter eines Tages mit einem Kind nach Hause kommt. Mißtrauen ist eine elterliche Haltung, die das Scheitern des Kindes vorwegnimmt. Mißtrauen hindert die Kinder, neue Fertigkeiten zu erlernen. Es erzeugt eine besondere Art der Selbstherabsetzung.

»Meine Eltern haben mir das ja jahrelang gepredigt, daß es so kommen würde. Jetzt ist es soweit. Sie hatten mal wieder mit ihren Befürchtungen recht.«

Kinder bekommen durch das Mißtrauen das Gefühl, zum Scheitern verdammt zu sein:
– Ich kann nichts,
– ich bin nichts,
– ich tauge nichts.

Es sind skandalöse Selbstbewertungen. Stellt sich aber der Mißerfolg öfter ein, können daraus Gefühle der Resignation, der Verzweiflung, der Hoffnungslosigkeit und der Selbstverachtung erwachsen.

Schritt Numero 6:

Ich will meinen Partner weniger an mich klammern und einengen

Ein Problem, das vielen Ehen zu schaffen macht, ist die Ausgewogenheit von *Nähe* und *Distanz*. Wahrscheinlich gehört es zu den wichtigsten Fakten im ehelichen Zusammenspiel. Seit der Verheiratung sind Mann und Frau aufeinander angewiesen. Auf engstem Raum leben sie zusammen und sind gezwungen, Stunden und Tage miteinander auszuhalten. In der Regel erleben Mann und Frau Nähe und Distanz verschieden. Braucht der eine mehr
- Nähe,
- Wärme,
- Liebe,
- Körper- und Hautkontakt,
- Gespräche und
- Gedankenaustausch,
bemüht sich der andere um mehr
- Distanz,
- Abgeschlossenheit,
- Sachlichkeit,
- Ruhe,
- Eigeninitiative,
- Unabhängigkeit und
- Freiheit.

Je extremer diese Bedürfnisse gestaltet sind, desto krasser die Probleme, die daraus erwachsen. Frauen sind vielfach die Kontaktbedürftigen, Männer die Distanzierten, Kühlen, Sachlichen und mehr Abstand Suchenden. Aber keine Regel ohne Ausnahme. Diese Eigenarten und Verhaltensmuster sind keineswegs an das Geschlecht gebunden. Sind Männer die Liebebedürftigen, Kontaktsuchenden, Wärme benötigenden, bringen ihre Partner als Ergänzung die kühle und distanzierte Note ins Spiel. So lange sich beide Partner verständnisvoll auf Nähe und Distanz einigen können, produzieren beide keine Schwierigkeiten und Konflikte. Fühlt sich allerdings ein Partner frustriert, fühlt er sich zu sehr bedrängt oder im Stich gelassen – *beide* Momente können den Konflikt auslösen –, dann erhöht sich die negative Spannung, die Stimmung wird gereizter, und die Waffen des Kampfes werden zurechtgelegt.

Welche Lebensgeschichte zeigen Distanzierte und Nähebedürftige?

Der Nähebedürftige und Klammernde hat sehr oft schon in der Kindheit die Erfahrung gemacht, daß er bestimmte Verhaltensregeln einsetzen muß, um anzukommen und geliebt zu werden. Er hat den aktiven Weg gewählt und benutzte seine Methoden, um den geliebten Menschen – Vater, Mutter, Großmutter, Großvater, Tante – für sich zu gewinnen.

Die Techniken, die zum Ziele führen, sind vielschichtig. Auch als Erwachsener behält er diese Muster bei, die Erfolg brachten, nämlich:
– Charme und Liebenswürdigkeit,
– Höflichkeit, Zuvorkommenheit,
– Nachgiebigkeit und Gefallsucht,
– Opferbereitschaft und Verantwortungsbereitschaft usw.

Je ausgeprägter sein Nähebedürfnis, desto zielbewußter seine Durchsetzungstechniken. Verwöhnung und Vernachlässigung sind zwei elterliche Verhaltensweisen gewesen, die den Nähebedürftigen prägen. Wer als Kind verwöhnt und überbeschützt wurde, hatte mit einem Elternteil ein perfektes Arrangement getroffen. Beide spielten sich perfekt in die Hände. Das Kind verstand es, die Verwöhnung der Bezugsperson hervorzulocken, die Bezugsperson ließ sich gern animieren, das Kind zu verwöhnen. Ist es ein Wunder, wenn der spätere Erwachsene sein Erfolgsrezept fortsetzt?

Die Lebensgeschichte des *Distanzierten* ist in der Regel die Geschichte einer Vernachlässigung. Weil er Nähe und Zärtlichkeit nicht erfahren hat, legt er sich einen *unabhängigen* Lebensstil zurecht. Er sieht nicht in Kontakten seinen Weg, er bejaht die Leistung und die Arbeit. Er will versorgt, aber nicht zu sehr bemuttert, betreut und vereinnahmt werden. Sehr oft waren die Eltern übermäßig beschäftigt, mit ihrem Beruf verheiratet und hatten so viele Verpflichtungen, daß sie sich ihren Kindern nicht genügend widmen konnten. Um Mißverständnisse auszuschließen: Solche Eltern ziehen unbewußt ihren Beruf vor. Ihre Verpflichtungen sind ihnen wichtiger. Die Ausreden solcher Menschen klingen glaubhaft, entscheidend sind ihre Taten. Schon die Bibel kennzeichnet das wahre Verhalten eines Menschen so: »An ihren *Früchten* werdet ihr sie erkennen.«

Nicht die Worte entscheiden,
nicht die Ausreden zählen,
nicht die Verpflichtungen sind überzeugende Argumente,
sondern die Taten, die *Früchte*, das, was die Eltern *leben*.

Viele Väter wollen abends ausruhen und entziehen sich ihren Kindern. Die Mütter sind oft unterwegs, sind in Elternbeiräten, in kirchlichen und außerkirchlichen Vereinigungen tätig und finden nicht genügend Zeit für ihre Kinder. Aber auch unverschuldete Vernachlässigungen können das Kind belasten:
– ein Elternteil trinkt,
– ein Elternteil muß längere Zeit ins Krankenhaus,
– ein Elternteil stirbt,
– ein Elternteil muß jeweils beruflich für lange Zeit auswärts sein,
– ein Kind muß für längere Zeit ins Krankenhaus,
– ein Kind wird evakuiert (im Kriege sind solche Vernachlässigungen häufig geschehen).

Oder da wird ein Kind auf ein teures Internat geschickt, weil die Eltern mit den Kindern nicht fertig werden. Vielleicht ist es ihnen im Wege und stört ihre beruflichen oder egoistischen Kreise. Das Kind leidet unter der Vernachlässigung und wird das wahrscheinlich im Leben widerspiegeln.

Besonders gutsituierte Familien lassen ihre Kinder oft eine emotionale Vernachlässigung spüren. Ihr Wohlstand und ihre gesellschaftlichen Verpflichtungen halten sie derart in Schach, daß nur noch materielle Verwöhnung als Ausweg bleibt. Sie ist in der Regel nur ein schwacher Trost für das Kind und ein spärlicher Ersatz für wirkliche Nähe und Zuwendung.

Insgesamt kann man sagen, daß bei Vernachlässigung sehr oft ein Vater Pate gestanden hat, der kein richtiger Vater war, und eine Mutter, die im Grunde auch keine richtige Mutter war. Nicht selten waren Vater oder Mutter selbst vernachlässigte Kinder. Sie mußten Liebe und Zärtlichkeit entbehren und können sie nicht an ihre Kinder weitergeben. Das Kind lernt keine tiefen Beziehungen kennen und ist daher später auch nicht in der Lage, tiefe Beziehungen zum Partner zu leben. Solche Menschen haben oft oberflächliche Kontakte zu vielen Menschen, haben aber wenig vertraute Freunde. Die meisten Forscher sind heute der Meinung, daß der Verlust der Mutter während der ersten fünf Lebensjahre nachhaltigen Schaden beim Kind hinterlassen wird.

Ein distanzloses Mädchen

Die völlige *Distanzlosigkeit* kann ebenfalls ein Zeichen von emotionaler Vernachlässigung sein.

Vor kurzem besuchten mein Freund und ich ein Kinderheim in der Stadt, das ein großes Fest feierte. Elternlose Kinder werden hier in kleinen Gruppen von Pflegeeltern betreut. Als mein Freund und ich durch die Gartenanlagen und aufgebauten Stände gingen, wurde mein Begleiter plötzlich von einem jungen Mädchen, das vielleicht 12 oder 13 Jahre alt war, angesprochen und spontan geküßt. Mein Freund kannte es von früher flüchtig und sah es hier im Kinderheim wieder. Es hätte ein Akt übergroßer Freude des Wiedersehens sein können. Wir beobachteten aber, daß es immer wieder Mitarbeiter des Hauses und Bekannte umarmte, sich an sie preßte, küßte und ins Gespräch zog. Wie ein verdurstendes Geschöpf klammerte es sich an erwachsene Bezugspersonen, um geliebt und bestätigt zu werden. Einige Male konnten wir beobachten, wie das Mädchen brutal abgewehrt wurde, wenn es sich wie eine Klette an jemand hing. Einer sagte: »Du fällst mir auf den Wecker. Zisch ab!« Das Mädchen pendelte von einem zum anderen, immer auf der Suche nach Liebe, nach Wärme, nach Geborgenheit, nach Verstehen und Verstandenwerden.

Ein Heimkind, wahrscheinlich mit einer bösen Vergangenheit. Die emotionale Vernachlässigung muß sehr schwerwiegend gewesen sein, daß eine unkontrollierte Distanzlosigkeit ein solches Anklammerungsverhalten erzeugt hat. Gewiß, ein extremer Fall. Es zeigt aber, welche Folgen gerade die Entbehrung emotionaler Zuwendung in der frühen Kindheit heraufbeschwören kann. Ein möglicher Lebenspartner wird es schwer haben, die großen Mängel an Zuwendung, an Nähe und Wärme auszugleichen. Was wird aus einem solchen Mädchen werden? Wird es noch lernen, seine Distanzlosigkeit einzudämmen? Wird es in der Lage sein, die übergroße Sehnsucht nach Liebe und Zuwendung in erträgliche Bahnen zu lenken?

Was kennzeichnet die Anklammerung?

Dem Partner eng auf den Leib zu rücken, kann sich in vielen Verhaltensweisen äußern. Der Ausdruck »Klette« kennzeichnet präzise das Beziehungsmuster. Da ist eine Frau, die *pausenlos reden* muß. Sie benutzt das Gespräch, das oft aus minutenlangen Monologen besteht, um einen Zuhörer zu haben. Sie braucht Aufmerksamkeit. Sie verschafft sich selbst diese Zuwendung, indem sie Gesprächsstoff liefert und den Partner zum Zuhören zwingt.

Da ist die Frau, die sich für die Familie und besonders für den Mann *aufopfert*. Überall wird sie bewundert und bekommt Anerkennung, was sie neben ihrer Berufsarbeit noch für Mann und Kinder leistet. Sie backt jede Menge Kuchen, kocht leidenschaftlich gern, verwöhnt bei Tisch und versteht es, sich den Partner abhängig zu machen.

Da ist die Frau oder der Mann, die enorme *Verantwortung* für den anderen tragen. Sie übernehmen Aufgaben, die eigentlich der Partner wahrnehmen müßte. Aus »Liebe« wird ihm die Arbeit abgenommen. Rechnungen werden bezahlt, viele Wege werden für den anderen gemacht, Telefongespräche werden ihm abgenommen. Sein verantwortlicher Partner denkt für ihn und handelt für ihn.

Da ist der Partner, der sich *neugierig* interessiert, um Ankunft und Abfahrt des anderen kümmert. Wo geht er hin? Wie lange bleibt er aus? Was gab es so lange zu reden? Kommt er pünktlich wieder? Wen hat er unterwegs getroffen? Der klammernde Ehepartner merkt oft nicht, wie er mit seiner Neugierde den anderen einengt, bewacht und kontrolliert. Der distanzierte Liebespartner empfindet dieses wohlmeinende Interesse in der Regel als Kontrolle. Der Klammernde ist verwirrt, daß seine Liebe und Fürsorge so mißinterpretiert werden können.

Was ist das Ziel der übertriebenen Fürsorge?

Wozu tut der klammernde Partner das? Diese Frage ist leichter zu beantworten als die leidige Warumfrage. Jeder Mensch verfolgt Ziele, die ihm auf Anhieb dunkel und undurchsichtig erscheinen. Er handelt so, als ob er Ziele verfolge. Sein Handeln offenbart die unerkannten Absichten und Wünsche. In seinem Tun verrät er, was er wirklich will. Und was sind die Ziele des klammernden Partners?

- Er will das Gefühl haben, gebraucht, geliebt und anerkannt zu werden;
- er benutzt das pausenlose Reden, um den Partner an sich zu fesseln;
- er kultiviert seine Opferbereitschaft, um sich unabsichtlich dem Partner aufzudrängen;
- er steigert seine Verantwortungsbereitschaft, um sich unentbehrlich zu machen.

Um den Partner eng an sich zu fesseln, hat er schon in der Kindheit Verhaltensmuster trainiert, die sich bewährt haben. Er will Nähe und Wärme um jeden Preis.

- Kein Opfer ist ihm dafür zu groß,
- kein Weg zu weit und
- keine Verantwortung zu schwer.

Was können die Ehepartner tun?

Ich möchte einige Denkanstöße weitergeben, die es beiden ermöglichen, Nähe und Distanz mit weniger Spannung zu ertragen. Immer geht es darum, daß die Bedürfnisse beider Partner befriedigt werden. Beide müssen sich einigermaßen wohlfühlen und zur Nähe und Distanz befähigt werden.

1. Denkanstoß: *Sprechen Sie über Ihre Bedürfnisse!*

Vor allem der anlehnungsbedürftige Partner macht den Fehler, daß er vom anderen erwartet,

- er solle seine Bedürfnisse erraten,
- er müsse um seine Wünsche wissen,
- er hätte die Pflicht, sich um seine Kontaktbedürfnisse zu kümmern.

Diese Einstellung ist ein Fehlverhalten in der Partnerschaft. Der Lebensgefährte kann die Gefühle und Empfindungen des anderen nicht erraten. Er kann sie erfragen, aber kann sie nicht wissen. Ich muß für meine Bedürfnisse selbst einstehen. Wer sich nicht traut, dem liebsten Menschen seine Wünsche zu offenbaren, kann folgende Beweggründe widerspiegeln:
- er hat zuviel falsche Hemmungen eintrainiert,
- er reagiert trotzig und beleidigt,
- er trägt dem Lebenspartner eine unterstellte Gleichgültigkeit nach.

In der Bergpredigt gibt Jesus Anleitung für einen kooperativen Umgang mit dem Nächsten. Schlicht und unmißverständlich heißt es da:
»Behandelt die Menschen so, wie ihr selbst von ihnen behandelt werden wollt – das ist der Inhalt des Gesetzes und die Lehre der Propheten« (Matth. 7,12).

2. Denkanstoß: *Ich will mich zurückhalten!*

Der Deutsch-Kanadier Ulrich Schaffer hat in seinen Meditationen über die Ehe geschrieben, die die Selbstverantwortung des Ehepartners unterstreicht und seine Selbständigkeit bejaht. Die Meditation trägt den Titel:

unter druck

wie befreiend ist es für mich
wenn ich dich einfach sein lassen kann
dich . . . einfach . . . so lasse . . . wie du bist . . .
zu wissen
daß ich nicht verantwortlich bin für dich
daß du deinen eigenen frieden mit gott finden mußt
daß du deine eigenen entscheidungen treffen mußt
daß du dich selbst finden mußt

ich bin da
wenn du mich brauchst
aber ich will mich nicht aufdrängen
will dir meine ideen nicht aufdrängen
auch dann nicht wenn ich sie besser finde als deine

ich werde mich zurückhalten
und dich nicht unter druck setzen
und dir so raum zur veränderung geben
wenn du dich verändern willst[6]

Hier wird dem klammernden Partner in prägnanten Worten gesagt, worauf es ankommt. Er muß sich *nicht* für den Lebenspartner verantwortlich fühlen. Befreiend und entlastend ist es, ihn zu lassen, wie er ist.

Das Geheimnis dieser Zurückhaltung wird sein, daß der Ehepartner eher bereit ist, sich zu öffnen. Er wird es nicht mehr nötig haben, zu fliehen und in Arbeit und Karriere auszuweichen.

3. Denkanstoß: *Ich will mehr Kontakte nach draußen pflegen*

Der klammernde Partner hat oft seinen Bewegungsraum eingeengt und auf die Familie beschränkt. Hier fühlt er sich zu Hause, bestätigt und gebraucht. Die Folge ist,
– daß er unwillkürlich seinen Partner stärker strapaziert,
– daß sein Kontaktbedürfnis größer ist,
– daß der Anspruch auf Gemeinsamkeiten wächst,
– daß Reibungen und Streit häufiger auftreten.

Aus der Beratung weiß ich, daß Aktivitäten im gemeindlichen Leben, Besuche von Veranstaltungen der Kirchengemeinde, Mitarbeit in Gruppen und Ausschüssen, Besuche von Lehrgängen, Seminaren und Weiterbildungsinstituten eine große Entlastung bieten. Der klammernde Partner kommt bereichert nach Hause. Er wartet nicht gespannt darauf, daß der Partner berichtet und muß ihm nicht »die Würmer aus der Nase« ziehen. Er selbst hat neue Anregungen empfangen. Sein Gesichtskreis erweitert sich. Geist und Seele sind ausgefüllter und zufriedener. Der Lebensgefährte wird die Entlastung begrüßen. Wichtig ist allerdings, daß die Aktivitäten, die nach draußen verlegt werden, nicht aus Rache, aus Unmut und aus Trotz arrangiert werden. Der klammernde Partner muß sie als wertvolle Ergänzung bejahen.

4. Denkanstoß: *Ich muß nicht bedingungslos gefallen wollen*

Der Lebenspartner, der klammert und den anderen einengt, entdeckt oft an sich ein weiteres problematisches Eheverhalten:
- Er kann nicht nein sagen,
- er kann sich nicht durchsetzen,
- er paßt sich zu stark an.

Was sind die unverstandenen Ziele, die der Partner damit verfolgt? Was will er damit bezwecken?

Er will gefallen, er möchte nicht abgelehnt und enttäuscht werden. Tief im Innern sitzt die Angst, im Stich gelassen und zurückgesetzt zu werden.

Lieber paßt er sich an, macht gute Miene zum bösen Spiel, gibt gegen seine innere Überzeugung nach, sagt ja, wo er nein sagen müßte, und liegt im Kampf mit seinen wirklichen Gefühlen und Bedürfnissen.

Der amerikanische Therapeut Albert Ellis hat eine Reihe grundlegender Lebensirrtümer erarbeitet. Der erste Lebensgrundirrtum lautet:

»Als erwachsener Mensch muß ich von allen geliebt und anerkannt werden, besonders von allen Persönlichkeiten meiner Umgebung.« Das ist ein grandioser Anspruch. Wer ihn realisieren will, muß dafür Opfer bringen. Er schätzt sich niedrig ein und glaubt, auf Liebe und Zuneigung angewiesen zu sein. Je stärker sein Bedürfnis, desto ausgeprägter seine Entscheidungsschwäche, seine Nachgiebigkeit und Überanpassung. Er tut alles, um zu gefallen. Frage an Sie:

»Hängt Ihr Wert wirklich in der Luft, wenn Sie nicht zu allem ja und amen sagen?«

»Wird Ihre Liebe wirklich infrage gestellt, wenn Sie zu den Vorschlägen, Meinungen und Wünschen des Partners nein sagen?«

»Erleben Sie tatsächlich Liebesverlust, wenn Sie gegen Ihre Überzeugung nicht nachgeben?«

5. Denkanstoß: *Ich will Unabhängigkeit nicht mehr als Lieblosigkeit verstehen*

Es ist verständlich, daß jeder Mensch von sich ausgeht. Er schaut durch seine Brille, er erlebt die Welt subjektiv und nicht objektiv. Und auf Grund seines Gewordenseins beurteilt er Liebe, Zärtlichkeit, Nähe und Distanz.

Der klammernde Partner wertet oft den distanzierten als lieblos.

– Er versteht Unabhängigkeit als Flucht,
– er versteht Distanz als Isolation,
– er versteht Selbständigkeit als ehestörend,
– er versteht Insichgekehrtsein als Trotz und Abkehr von der Ehe.

Auf der ganzen Linie unterstellt er dem distanzierten Partner Böses. Er glaubt nicht an sein Anderssein. Darum ist es wichtig, daß jeder Partner sich als *Ganzheit* versteht und nicht als zurückgebliebene Hälfte. Zwei *ganze* Menschen werden ein Fleisch und nicht »zwei halbe Portionen«. Jeder Mensch muß fähig sein, wenn er allein und für eine Zeitlang getrennt vom Partner lebt, sich als vollständiges und ganzes Wesen zu begreifen. Wer allein ist und einen schrecklichen Selbstverlust erleidet, wer sich halbiert vorkommt und nicht mehr leben zu können glaubt, klammert zu stark, hat sich zu abhängig gemacht und erlebt jede Unabhängigkeit und Distanz des Partners als Lieblosigkeit und Trennungsschmerz.

»Laß dich vom Bösen nicht besiegen, sondern überwinde es durch das Gute,« schreibt Paulus im Römerbrief (12,21).

Wer Böses und Liebloses unterstellt, hat sich vom Bösen besiegen lassen. Wer Bosheiten vermutet, hat sich vom Bösen anstecken lassen. Wer in Unabhängigkeit, Distanz, Kühle und Reserviertheit lediglich eine andere Variante des ehelichen Zusammenlebens erkennt, wird auch positiver, freundlicher und entgegenkommender seinem liebsten Menschen begegnen.

Ich will meine Ehe positiv sehen und nicht negativ

Kann man das überhaupt? Kann man sich vornehmen, eine Sache, eine Situation oder einen Menschen positiv oder negativ zu sehen? Ist es möglich, seine Gedanken, Vorstellungen und Empfindungen positiv zu beeinflussen? Ich glaube: Ich kann. Nehmen Sie ein simples Beispiel. Sie sagen (negativ): »Schade, das Glas Wein ist schon halb leer.« Oder Sie sagen (positiv): »Schön, das Glas Wein ist noch halb voll.« Positive oder negative Gedanken bestimmen Ihr Leben, Ihren Alltag und Ihre Ehe.

9 Worte, die Ihr Leben umgestalten können

In dem wunderbaren Buch von Dale Carnegie »Sorge dich nicht – lebe« steht ein Kapitel, das die gleiche Überschrift trägt wie dieser Abschnitt. Der Erfolgsautor, dessen Bücher Millionenauflagen erreicht haben, setzt sich da mit der positiven Lebenseinstellung auseinander und schreibt:
»Unsere geistige Einstellung ist das X, welches unser Schicksal bestimmt. Ermerson sagte: ›Der Mensch ist das, was er den Tag über denkt . . .‹ Wie könnte er auch wohl etwas anderes sein? Heute bin ich mit unumstößlicher Sicherheit davon überzeugt, daß das größte Problem, dem wir unsere Aufmerksamkeit zu schenken haben – eigentlich das einzige Problem, dem wir unsere Aufmerksamkeit zu schenken haben – darin besteht, die richtigen Gedanken zu wählen. Können wir das erst einmal, dann sind wir auf dem rechten Wege zur Bewältigung all unserer Probleme. Der große kaiserliche Philosoph, der das Römische Reich regierte, Marc Aurel, faßte dies in 9 Worten zusammen – Worte, die Euer Geschick bestimmen: ›*Unser Leben ist das, wozu unsere Gedanken es machen.*‹«[7]

– Machen wir uns *frohe* Gedanken, sind wir auch froh,
– machen wir uns *trübselige* Gedanken, machen wir uns unglücklich,

65

- machen wir uns *unnötige* Gedanken, können wir nicht schlafen,
- machen wir uns *Angst*, gerät unserer gesamter Organismus durcheinander,
- machen wir uns *Sorgen*, belasten wir uns seelisch und körperlich.

Gedanken *machen* heißt doch, daß wir unseren Gedanken nicht ausgesetzt sind, wir können sie lenken, zum Guten, zum Bösen, zum Hilfreichen, zum Notvollen. Es ist also tatsächlich so, daß wir uns Gedanken *machen*, daß wir uns Angst *machen*, daß wir uns Sorgen *machen*.

Und in der Tat, wir sind das, was wir denken. Unser Leben ist das, was wir uns vorstellen. Unsere Ehe ist so, wie wir sie beurteilen.

Ich habe es in der Hand, ob ich mich von Kummer plagen lasse, oder ob ich »ungelegte Eier ausbrüte« und mich mit Ereignissen befasse, die unter Umständen eintreten könnten. Die belastenden Gedanken nehmen ja nicht nur einige Quadratmillimeter meiner Persönlichkeit im Kopf in Beschlag, sondern sie stimulieren sofort mein gesamtes Wesen vom Scheitel bis zur Sohle. Der Mensch ist eine *Einheit*. Leib, Seele und Geist sind synchronisiert und beeinflussen sich gegenseitig.

Versuchen Sie eine positive Umdeutung!

Wer aus Gewohnheit *fehlerorientiert* und nicht *erfolgsorientiert* denkt, sieht selbstverständlich zuerst
- die Fehler,
- den Mißerfolg,
- die Schwächen,
- den Nachteil,
- den Schatten.

Wer erfolgsorientiert denkt, sieht zuerst
- die Chancen,
- das Gute,
- die Sonnenseite,
- die Verbesserung,
- die neue Möglichkeit.

Schon in der Haltung können Sie verschiedene »Typen« unterscheiden. Die einen gehen lahmer, gebeugter, resignierter und kraftloser, die anderen gehen zuversichtlicher, wagender, mutiger und kraftvoller. Ihre gesamte Lebenseinstellung ist eine andere. Sie denken positiver, haben Erwartungen an sich, an andere und an das Leben. Sie »glauben« an sich und an die Möglichkeiten, die sich ihnen bieten. Sie können trainieren und ihre negativen Gedanken umdeuten.

Schauen wir uns einige Szenen unseres Lebens an, die so oder anders verlaufen können. Sie haben es in der Hand, wie die Begebenheit abläuft und bewältigt wird. Es wird Ihnen nicht immer gelingen, positiv zu denken. Das ist auch nicht erforderlich. Niemand sollte ständig mit einem Keep-smiling-Gesicht herumlaufen. Das ist unecht und wirkt unehrlich. Eine kleine Kurskorrektur ist eine kleine Umstellung Ihres gesamten Lebensstiles.

Situation:

Mann und Frau sitzen sich beim Abendessen gegenüber. Er lächelt sie an.

Negative Augen:
Sie denkt: »Wieder dieses ironische, hinterhältige Lächeln. Innerlich macht er sich lustig über mich.«

Positive Augen:
Sie denkt und *sagt* es: »Du strahlst. Ich nehme an, du bist froh, zu Hause zu sein. Und das Essen scheint dir auch zu schmecken.«

Situation:

Die Frau zieht sich nach dem Abendessen zurück. Er schaut im Fernsehen die Nachrichten.

Negative Augen:
Er denkt: »Jeden Abend dasselbe. Können wir nicht einmal gemeinsam die Tagesschau sehen? Sie will mit mir nichts zu tun haben. Die Liebe ist ganz schön abgeflaut.«

Positive Augen:
Er denkt und *sagt*: »Du respektierst meine Eigenart, daß ich abends die Nachrichten sehen muß. Ich bin dir dankbar, daß du mir keine Szene machst und meine Bedürfnisse akzeptierst.«

Situation:

Die Frau fragt den Mann, der nach dem Frühstück zur Arbeit fährt: »Kommst du heute abend pünktlich oder fährst du noch irgendwo vorbei? Kann ich mich darauf verlassen, daß du 10 Minuten nach 5 wieder zu Hause bist?«

Negative Augen:
Er denkt: »Immer diese Kontrolle. Neugier und Eifersucht eine scheußliche Seite von ihr. Wie kann ich ihr diese Marotten nur abgewöhnen, ohne daß sie eingeschnappt ist?«

Positive Augen:
Er denkt und *sagt*: »Hast du etwas Bestimmtes vor?«
Sie sagt: »Ich möchte dir dein Lieblingsessen kochen. Weißt du, ich wäre froh, wenn ich wüßte, du kommst pünktlich nach Hause.«
Er denkt und sagt: »Ich freue mich schon auf den heutigen Abend.«

Wir handeln nach unseren Erwartungen

Unsere Gedanken, Vorstellungen und Erwartungen zeigen uns den Weg. Die Erwartungen bestimmen unser Tun. Erwartungshaltungen üben einen weitaus stärkeren Einfluß auf Gefühle und Handlungen aus, als man sich bewußt ist.
– Eine *freudige* Erwartung stimuliert meine Arbeit,
– eine *negative* Erwartung lähmt meinen Arbeitseifer,
– eine *angstvolle* Erwartung blockiert mich.

Frau Schwarz hat sich in eine krankhafte Erwartungsangst hineingesteigert. Sie hat mit Errötungsfurcht zu tun. Sie handelt konsequent entsprechend ihren Erwartungen.

»Wenn mich im Geschäft einer anspricht, werde ich rot.« – »Wenn meine Schwiegermutter mich fragt, kann ich nur noch rot werden.« – »Ich konzentriere mich so auf das Gespräch, wenn ich aber einen Satz nicht verstanden habe, laufe ich rot an wie eine Tomate.«

Frau Schwarz wird all diese Situationen errötend erleben. Sie hat sich gedanklich darauf vorbereitet, und der Mechanismus läuft unerbittlich ab. Sie will das Rotwerden vermeiden und führt einen angeblichen Kampf gegen die »Krankheit«.

Was kann sie tun?

Sie kann ihre Erwartungen umpolen und auf die Menschen zugehen mit dem befreienden Gefühl:

»Ich *darf* rot werden.« – »Jetzt zeige ich ihnen einmal eine pubertäre Unschuldsmiene!« – »Können Sie auch wie ein Backfisch rot werden? Ich mache es Ihnen mal vor!«

Was hat Frau Schwarz getan? Sie hat sich mit Humor *über* die Symptome gestellt. Sie hat diese Errötung zugelassen und bejaht. Die Errötung ist die uninteressanteste Sache von der Welt, sie geschieht oder sie geschieht nicht. Mein Seelenfrieden soll davon nicht berührt werden.

Oder die positive Umdeutung. »Wenn ich rot werde, sehe ich so gesund und jugendlich aus. Ich wirke weniger abgebrüht. Viele Menschen mögen das.«

Wer fest davon überzeugt ist und ohne Zweifel solche Gedanken »produzieren« kann, ist von dem Übel befreit. Wer Einwände hat, wer nicht glauben will und kann, wird sich weiterhin mit einer solchen Erwartungsangst herumschlagen.

Wie Erwartungen meinen Tagesablauf bestimmen können, beschreibt der amerikanische Theologe Tim LaHaye mit einem Beispiel aus der psychiatrischen Praxis:

»Ein Neurochirurg in Atlanta meint: ›Die wichtigste Zeit Ihres Tages sind die ersten 30 Minuten nach dem Aufwachen. Was Sie während dieser Zeitspanne denken, stellt die Weichen für Ihre emotionale Haltung während des ganzen Tages.‹ Dies gilt besonders für ›Morgenmenschen‹, die abends schläfrig werden, doch in der Frühe erfrischt und mit klaren Augen aufwachen. Umgekehrt sind ›Abendmenschen‹ morgens nicht sonderlich lebhaft. Die Feststellung des Arztes weist in jedem Falle darauf hin, wie wichtig es ist, den Tag mit einem Gebet und Danksagung zu beginnen. Der Psalmist hilft uns dabei: ›Dies ist der Tag, den der Herr macht; laßt uns freuen und fröhlich an ihm sein,‹ Psalm 118,24.«[8]

»Euch geschehe nach eurem Glauben!«

Dieses Wort aus dem Matthäus-Evangelium (9,29) drückt konsequent die biblische Einstellung aus. Auch hier geht es um meine Vorstellungen, Gedanken und um meinen Glauben.

– Mein Leben ist das, wozu meine *Gedanken* es machen,
– mein Leben ist das, wozu meine christliche Grundhaltung es macht,
– mein Leben ist das, wozu mein *Glaube* es macht.

Eine Handvoll Jünger *glaubte* und veränderte die Welt. Wo der Glaube den Menschen in Bewegung setzt, wo der Glaube Tat wird, wo der Glaube *gelebt* wird, da geschieht etwas.

Ein anderes biblisches Beispiel ist Abraham, der *Vater der Gläubigen.* Er bekam diesen Ehrentitel, weil er Glauben *wagte,* wo andere kapitulierten. Das ging bei Abraham nicht von heute auf morgen. Aus seinem Leben werden viele Ereignisse geschildert, wo er seinen eigenen Einfällen folgte und scheiterte. Je mehr er in den Glauben hineinwuchs und Gott *über alles* vertraute, erlebte er ein Wunder nach dem anderen. Wo nahm Abraham den Glauben her? Er nahm Gott beim Wort und handelte auf seine Verheißung hin.

Glaube ist keine intellektuelle Spekulation,
Glaube ist kein Wissen um Dogmen und Glaubenssätze,
sondern
Glaube ist Hören,
Glaube ist Tat,
Glaube ist Gehorsam,
Glaube ist Vertrauen,
Glaube ist Sichausliefern.

Zwei Eheleute *erkennen,* daß ihre Ehe nicht in bester Ordnung ist. Erkenntnis ist der erste Schritt, mehr nicht. Viele haben das Problem ihrer Ehe *andiskutiert,* sie haben es *angerissen,* aber nicht in Arbeit genommen. Und das ist zweierlei. Wer ein Problem aufgreift, unternimmt konkrete Schritte. Das gilt für den christlichen Glauben und gilt für die Ehe.

Immer wieder erscheinen Eheleute in der Beratung, die Hilfe erwarten, aber die entscheidenden Schritte der Änderung hinauszögern. Sie sehen die Notwendigkeit der Änderung ein, aber sie arbeiten nicht an sich.

Warum kommen sie in die Beratung?
– Sie haben ein gutes Gefühl, etwas getan zu haben,
– sie wollen ihren Ehepartner dazu zwingen, an sich und an der Ehe zu arbeiten,
– sie wollen bestätigt werden, daß sie selbst willens und bereit sind.

Viele kommen in die Beratung mit dem uneingestandenen Vorsatz: »Wasch mich, aber mach mich nicht naß!«

In der Beratung erzählte mir eine Frau, die einen stark depressiven Ehepartner hat, daß er morgens gebetet hätte: »Herr, ich bin so resigniert und schlaff, gib mir die Kraft, aufstehen zu können.«

Er hätte ihr abends versprochen, mit in die Beratung zu kommen. Heute reiche die Kraft nicht. Gott hatte sein Gebet nicht erhört und ihm keinen neuen Auftrieb, keinen Antrieb und keine Kraftspritze für den Tag verliehen. Ich kann nur sagen: Das ist ein unverantwortliches Gebet. Diesem Mann geschieht nach seinem Glauben.

Er hält *theoretisch* eine Hilfe für denkbar, er glaubt, daß Gott Wunder tun kann – nur nicht an ihm. Gott schenkt dem Menschen seinen Beistand, der sich auf ihn verläßt. Hätte der Mann seine Beine aus dem Bett gestreckt und hätte sich im Vertrauen auf Gott angezogen, hätte Gott ihm seinen Beistand bezeugen können. Alfred Adler kommentiert die Macht des Zweifels, wenn er schreibt:

»Hier schließt sich unser Verständnis für die psychologische Struktur des Zweifels an. Auch beim Zweifeln bestehen nicht etwa zwei verschiedene Ziele, sondern nur ein einziges: Stillstand. Die gleiche Überlegung gilt für alle sogenannten nervösen Symptome. Wie eine verschleierte Bremswirkung greifen sie in die Bewegung des Fortschritts ein, lenken sie auf ein Nebengleis und hemmen die Erfüllung von oft selbst ausgesprochenen Forderungen.«[9]

Wer dem Zweifel Raum gibt,
- bremst seine Aktivität,
- baut Hindernisse auf,
- stellt seine Bewegung nach vorn ein,
- tritt auf der Stelle.

Wir können nicht zwei Bewegungen gleichzeitig machen, wenn wir Erfolg haben wollen, Bremsen und Nachvornpreschen.

Eine ähnliche Methode, durchgreifende Änderungen zu verhindern, ist der beliebte Satz, der in der Seelsorge und in der Beratung eine große Rolle spielt:

»Ich will es mal probieren«,

»ich kann es ja mal versuchen«,

»ich sollte es mal riskieren«.

Klient und Berater haben eine brauchbare Lösung gefunden. Aber die krause Stirn verrät die Zweifel. Die zaghafte Haltung verrät den Widerspruch. Schauen wir uns die Sätze genauer an, und wir erkennen die Halbherzigkeit. Jemand kann sich das theoretisch vorstellen. Er hält den Erfolg für möglich. Aber nur in der hintersten Herzenskammer. Der *Mißerfolg* ist programmiert.

Theoretisch stimmt er zu.

Praktisch ist ihm die Anstrengung zu groß.

Wie sagt die Bibel?: »Euch geschehe nach eurem Glauben.«

»Es ist nicht gut, daß der Mensch allein sei«

In den Human- und Sozialwissenschaften gilt der Satz:
- daß der Mensch ein *soziales Wesen* ist,
- daß der Mensch Beziehungen braucht,
- daß er auf Partnerschaft und Ehe angelegt ist und
- daß er ohne Kontakte und Zuwendung verkümmert.

Die Bibel und unser Thema drücken es schlicht und unmißverständlich aus:

»Es ist nicht gut, daß der Mensch allein sei« (1. Mose 2,18).

Er braucht den innigen Kontakt zu Menschen und besonders zu *einem* Menschen. Alle Wege zum Menschen – zu den anderen und zu mir selber – führen über Zweierbeziehungen. In der Kindheit ist es in erster Linie die Mutter, im späteren Leben oft der Ehepartner. Die zusätzliche Zweieinheit mit einer Mutter vor der Geburt und noch eine Zeit danach ebnet oder erschwert spätere Wege zu uns selbst und anderen. Alleinsein läßt den Menschen verkümmern. Fehlende Beziehungen haben tiefgreifende Persönlichkeitsstörungen zur Folge. Ich fühle mich einer psychologischen Richtung, nämlich der Individualpsychologie Alfred Adlers, verpflichtet, die sagt:

»Jede Schwierigkeit, jede seelische Störung, Neurosen, Psychosen und Kriminalität sind das Ergebnis gestörter Beziehungen.«

Sind die Beziehungen zum Menschen und zu Gott gestört, gerät der Mensch in Krisen. Er wird partnerschafts- und liebesunfähig. Adler ging so weit, daß er sagte, *alle* Konflikte, Krisen und Störungen seien zwischenmenschlicher Art und nicht binnenseelischer Natur.

Die Ehe, ein Fundament unseres Lebens

Sie ist die Schöpfungsordnung Gottes und keine Erfindung des Menschen. Von daher ist die Behauptung der progressiven Linken falsch:

»Die Ehe gehört spezifisch zum kapitalistischen Wirtschaftssystem. Die Ehe fällt automatisch in dem Augenblick, in dem ihre materielle Grundlage zerbröckelt.«

Im Neuen Testament macht Jesus deutlich, und zwar im Zusammenhang mit der Scheidung, wie Ehe zu verstehen ist:

»Habt ihr nicht gelesen, daß der Schöpfer sie von Anfang an als Mann und Frau geschaffen hat und gesagt hat: Darum wird ein Mensch Vater und Mutter verlassen, und seinem Weibe anhangen, und die Zwei werden ein Fleisch sein? Somit sind sie nicht mehr zwei, sondern ein Leib. Was Gott zusammengefügt hat, soll der Mensch nicht scheiden« (Matth. 19,4–6).

Hier wird die Ehe als Institution vorausgesetzt. Sie gehört zu den Fundamenten unseres Lebens und ist die kleinste, allerdings auch zerbrechlichste Gemeinschaftsform. Christa Meves charakterisiert sie so:

»Familie ist ohne ihre Grundlage, die Ehe zweier Partner, praktisch nur höchst mühsam durchführbar, bzw. die Stabilität der Paarbindung wirkt prägend auf das Maß von Bindungsfähigkeit der Kinder, die aus einer Ehe hervorgehen. Ehe und Familie sind für Menschen, die Zukunft haben wollen, nicht abschaffbar, das sagen uns übereinstimmend die Forschungsergebnisse von Soziologen, Ethnologen, ja auch die modernen fehlgeschlagenen Großexperimente in Diktaturen, in denen man den Einfluß der Familie dezimierte.«[10]

In den vergangenen Jahren ist über die Ehe als abgewirtschaftete Institution viel geredet und geschrieben worden. Das geforderte Ideal lebenslanger Treue und Liebe, von Kirchen und dem Gesetzgeber gefordert, entspräche nicht mehr der gelebten Wirklichkeit. Die Ehe sei eine lebenslange Unterdrückungs- und Isolationsinstitution, ein Instrument zur Erziehung autoritätsabhängigen Verhaltens, sie sei eine menschenunwürdige Knechtschaft und verhindere individuelles Vergnügen und sexuelles Amüsement. Die Ehe sei ein hinterhältiger Sadismus des Christentums.

Das sind nur einige giftige Pfeile aus dem Köcher der Kritiker.

Wie sieht die Wirklichkeit aus? Hat die Einehe wirklich ausgedient? Viele Kritiker wollten uns in den vergangenen Jahren einreden, daß Opas Ehe tot ist. Es ist Mode geworden, über die Ehe schlecht zu reden, aber es ist nicht aus der Mode gekommen, sie zu führen.

Meine Überzeugung ist: Nicht die Ehe ist am Ende, sondern viele gestörte Menschen sind mit ihrem Ehelatein am Ende. Die Ehe ist in die Krise geraten, weil viele Menschen stör- und krisenanfälliger geworden sind. Darum ist die Ehe zerbrechlicher geworden, darum sind die Scheidungen so sprunghaft in den westlichen Ländern angestiegen. Aber ist damit die Ehe überholt? Im Gegenteil.

Um das zu erhärten, möchte ich drei Aussagen wiedergeben, die von berufenen Fachleuten abgegeben wurden. Die erste stammt von einem Soziologen, die zweite von einem Familientherapeuten, die dritte von einem Eheberater.

Die Soziologieprofessorin Helge Proß ist der Meinung:

»Die Einehe ist die gesichertste Institution, die man sich vorstellen kann. Nach eingehenden soziologischen Untersuchungen ist die Einehe in den letzten 100 Jahren noch nie so hoch in Kurs gewesen.«

Das zweite Wort stammt von der weit bekannten Familientherapeutin Virginia Satir in Amerika. Sie formuliert:

»Die Ehe ist die Achse, um die sich alle Familienbeziehungen drehen. Ist die Achse angeknackt, werden alle Beziehungen problematisch. Die Eheleute sind die Architekten gesunder Familien.«[11]

Und der Fernsehpsychologe, Dr. Ulrich Beer, vielen Lesern hier aus der Fernsehsendung »Ehen vor Gericht« bekannt, schreibt in seinem neuesten Buch »Beer's Ehebuch«:

»Immer selbstverständlicher wird die Ehe, und zwar die Einehe, zur Regelinstitution des Verhältnisses von Mann und Frau . . . Heute heiraten 95 % der Menschen, und so ist die Ehe eben die Regel, und das in einem Ausmaß, das es nie zuvor gab.«[12]

Wir brauchen die Ehe. Wer darum die Ehe als Institution in Frage stellt, muß sich fragen lassen, ob er nicht Symptomkosmetik betreibt. Nicht die Ehe ist das Problem, sondern das menschliche Herz.

Warum gibt es so viele brüchige Ehen?

Verständlicherweise erhebt sich sofort die Frage: Wie erklären wir uns die paradoxen Sachverhalte, daß ein Sog zur Zweierbeziehung, zur Partnerschaft, zur Ehe besteht, auf der anderen Seite aber eine übergroße Konfliktträchtigkeit und Scheidungshäufigkeit unser Leben bestimmt? Aus der Erfahrung will ich drei Antworten versuchen. Selbstverständlich sind es nur Teilantworten.

1. Die Erwartungen an die Ehe sind zu hoch

Unsere komplizierte Industrie- und Maschinenwelt, unsere techni-
sierte, computergesteuerte, kalte und nüchterne Massengesellschaft
produziert täglich ein Defizit an Wärme, Geborgenheit, Intimität
und befriedigenden zwischenmenschlichen Beziehungen. Das bedeutet, die Sehnsucht der jungen Menschen nach Nähe, Wärme, Liebe
und inniger Gemeinschaft wird herausgefordert und gesteigert. Die
Folge ist:
- Junge Menschen haben übergroße Erwartungen an die Zweierbeziehung;
- junge Menschen haben ein unvorstellbares Nachholbedürfnis;
- junge Menschen haben unrealistische Vorstellungen von Ehe und
  Partnerschaft.

Die Ehe soll alle Defizite ausgleichen, die junge Menschen in der Ur-
sprungsfamilie, im Beruf und in unserer Gesellschaft erfahren haben.
In die Ehe werden traumhafte Erwartungen gepackt. Je mehr aber die
Ehe als Paradies gesehen wird, desto eher entpuppt sie sich als Hölle.
Wer Illusionen pflegt, muß mit tiefen Enttäuschungen rechnen.

2. Das Streben nach Selbstverwirklichung ist oft unpart-
nerschaftlich

In den vergangenen Jahren ist das Streben nach persönlichem Glück,
nach Bedürfnisbefriedigung, nach Selbsterfüllung und Selbstverwirklichung mit Nachdruck und Leidenschaft propagiert worden. Ein
Streben nach Selbstverwirklichung, das den Partner außer acht läßt,
ist egozentrisch und reißt Gräben in die Beziehung. Selbstverwirklichung am anderen vorbei ist Sünde.

Diese unrealistischen Glückserwartungen müssen zu Enttäuschungen führen. Durchschnittliche Ehen und Partnerschaften sind
nicht in der Lage, diese zwar einfühlbaren, aber irrigen Wünsche zu
befriedigen. Bei geringsten Belastungen zieht ein Partner aus, läuft
weg und versucht ein neues Glück.

Selbstverwirklichung ist in Pädagogik und Psychologie geradezu
zum Schlüsselbegriff geworden, um den Menschen Glück, Zufriedenheit und seelische Gesundheit zu verschaffen. Mit den hochge-

spielten Begriffen sind den Menschen falsche Erwartungen vermittelt worden. Die revolutionären Ideen, die Glück und Wohlergehen auf eine solide Basis stellen sollen, beinhalten einige handfeste Irrtümer. Und wo liegt der Hauptirrtum?

Wer Selbstverwirklichung anstrebt, ist unglücklich. Wer Selbstverwirklichung anstrebt, verfehlt sie. Selbstverwirklichung, Selbsterfüllung, Glück und Lust können niemals *direkt* erreicht werden, sie sind Begleitphänomene, sie sind Abfallprodukte der Liebe zu anderen. Nackter Egoismus hat noch niemals den Menschen Glück und Zufriedenheit gebracht.

– Wer rückhaltlos liebt, verwirklicht sich selbst;
– wer für den anderen da ist, verwirklicht sich selbst;
– wer den Partner im Auge hat, wird beschenkt;
– wer Freude vermittelt, empfängt Freude;
– wer glücklich macht, wird glücklich.

Wer sich selbstverwirklichen will, dreht sich um sich selbst. Er verfehlt den Sinn des Lebens.

Früher schrieben wir ins Poesiealbum:

>»Willst du glücklich sein im Leben,
trage bei zu anderer Glück,
denn die Freude, die wir geben,
kehrt ins eigene Herz zurück.«

Das ist das Geheimnis der Selbstverwirklichung.
Glück ist Schenken und Beschenktwerden,
Glück ist Geben und Nehmen,
Glück ist Teilen und Empfangen.

3. Unsere Familien sind weitgehend kein Trainingsfeld für partnerschaftliche Beziehungen

Unsere Ehen und Familien sind weithin nicht in der Lage, junge Menschen konstruktiv auf Ehe und Familie vorzubereiten. Sie bieten in der Regel ein schlechtes Trainingsfeld für Liebes- und Partnerschaftsfähigkeit. Wenn heute jede dritte Ehe in Deutschland wieder geschieden wird, ist vorbildliches und nachahmungswertes Zusammenleben selten.

Junge Menschen lernen in der Familie nicht,

- wie man mit Auseinandersetzungen und Konflikten positiv fertig wird;
- wie man mit Eltern und Geschwistern Probleme hilfreich meistert;
- wie Eheleute einen lebendigen Dialog führen, der Wünsche und Bedürfnisse artikuliert und befriedigt;
- wie Eheleute Raum, Zeit, Gefühle, Gedanken, Freud und Leid miteinander teilen;
- wie Eheleute sich in die Haare kriegen, sich streiten, sich beschimpfen und sich anschließend versöhnen können.

Junge Menschen sehen und erleben zu wenig intakte Partnerschaft und Kooperation. Sie werden schlecht für ihre Ehe vorbereitet und praktizieren – wie ihre Eltern, die sich an Streit und Disharmonie gewöhnt haben – unpartnerschaftliches Verhalten. Es bleibt dabei: *Ehe- und Partnerschaftsfähigkeit werden in der Familie eintrainiert.* Wir brauchen wieder bewußt christlich geführte Ehen, in denen gegenseitige Liebe, Respekt voreinander, Vertrauen, Geduld, einfühlsame Dialoge und Verantwortungsbereitschaft gelebt werden. Positive oder destruktive Umgangsmuster übernehmen wir aus unseren Familien – jedenfalls in erster Linie.

Praktische Hilfen für Ehekrisen

Die Ehe ist Gottes Schöpfung, aber keine Garantie für paradiesisches Zuammenleben. Sie ist von Gott gewollt, aber nicht der Ort ungetrübten Glücks. Wer solche Vorstellungen hat, verliert die Realität aus den Augen. Darum schreibt der Theologe Herbert Demmer:

»Gerade das Zusammenleben von Mann und Frau, auch in der Ehe, steht eben auch unter dem Gerichtswort Gottes. Es ist eine Illusion, daß der Mensch sich aus dieser Gefangenschaft, aus diesem Gericht befreien könnte. Wer von der christlichen Ehe spricht, muß sehen, daß sie immer in diesem Sinne eine Ehe ist, die auch unter dem Gericht Gottes steht. Sicher ist sie auch eine Gabe Gottes, aber in der von Sünde zerbrochenen Welt. Ehe ist von vornherein nicht Himmel auf Erden, nicht ein Stück, das wir noch aus dem Paradies haben.«[13]

Weil das so ist, rechnen wir mit Schwierigkeiten und Konflikten. Ehepartner werden durch die Ehe in ihrem Verhalten nicht umgekrempelt, sondern tragen ihre Beziehungsprobleme aus den Ursprungsfamilien in die Partnerschaft hinein.

Was können Sie tun?

Ich möchte 4 Denkanstöße geben:

1. Denkanstoß: *Ehekrisen sind keine Katastrophen sondern Reifungshilfen*

Das griechische Wort Krise bedeutet

positiv:	*negativ:*
Entscheidungssituation,	Schwierigkeit,
Wende,	Klemme.
Höhepunkt;	

Leider verstehen viele unter Krise in erster Linie eine Sackgasse, eine katastrophale Lage. Sie geraten in Panik und lassen die Flügel hängen. Ehekrise heißt: Wichtiges wächst zur Entscheidung heran. Macht und Liebe, Selbsthingabe und Selbstbehauptung liegen im Streit. Es liegt an beiden, ob sie die Krise entschärfen oder sich zuspitzen lassen wollen. Beide Eheleute haben es in der Hand. Auch für Christen gilt: Krisen sind erforderlich. Krisen sind heilbar. Krisen verhelfen uns zur Enttäuschung: zur Aufhebung der Täuschung und Selbsttäuschung.

Krisen sind Wachstumshilfen, sie sind Reifungshilfen, sie bieten uns neue Chancen. Krisen sind dazu da, gemeistert zu werden. Leider neigen auch viele Christen dazu,
– Krisen zu verdrängen,
– Krisen totzuschweigen,
– Krisen zu verharmlosen.

Sie wollen Probleme nicht zerreden, aber auch nicht bearbeiten. Unrealistisch warten sie auf Wunder, die von außen oder vom Himmel kommen. Krisen haben aber mit Verfehlungen und Sünde zu tun. Wer sich darum der Krise stellt, stellt sich seinem Fehlverhalten. In diesem Sinne schreibt Jay E. Adams:

»Kasimierz Dabrowski, Direktor des Institutes für Kinderpsychiatrie und Psychohygiene in Warschau und Professor der Polnischen Akademie der Wissenschaften, hat in einem kürzlich erschienenen Buch einen interessanten Vorschlag gemacht. Er vertritt die Ansicht, daß ein sogenannter Nervenzusammenbruch in Wirklichkeit etwas sehr Nützliches sei. Sowohl Ratsuchende als auch Berater sollten einen ›Zusammenbruch‹ als einen Aufbruch, und nicht als ein Zusammenbrechen betrachten . . . Vor diesem Scherbenhaufen gibt ihm Gott eine unerwartete Gelegenheit. Er kann neu anfangen und sein Leben durchgehend neu aufbauen. Für einen verzweifelten Menschen ist in der Seelsorge am meisten zu hoffen.«[14]

2. Denkanstoß: *Verstehen Sie den Konflikt als gemeinsamen Konflikt*

Wer die Schuld beim anderen sucht, handelt ungeistlich. In der Regel sind beide an auftretenden Schwierigkeiten beteiligt. Es ist müßig zu fragen, wer mit dem handfesten Fehlverhalten begonnen hat. Schauen wir uns ein simples Beispiel an.

Die Frau schreit ihren Mann an.

Der Mann schweigt. Schließlich sagt er zu ihr: »Wenn du schreist, kann ich nur schweigen. Und je lauter du schreist, desto weniger werde ich dir antworten.«

Sie sagt zu ihm: »Du merkst überhaupt nicht, warum ich schreie. Du bist stumm wie ein Fisch. Dein Schweigen macht mich rasend. Ich kann nur durch Schreien dein Schweigen beeinflussen.«

Beide haben recht. Beide geben eine einleuchtende Begründung. Beide fühlen sich provoziert. Beide reagieren auf den anderen. Wenn sie vernünftig sind, können sie sagen: »Wir liegen im Streit, weil sich unsere Erwartungen nicht erfüllen. Wie können wir uns entgegenkommen, daß Schweigen und Schreien vermindert werden?«

Eine andere Variante begegnet uns oft in der Beratung. Es sind vor allem Ehemänner, die ihren eigenen Anteil herunterspielen und das Problem nur bei ihren Ehefrauen erkennen. Wenn sie gefragt werden, wie sie die Störung in der Ehe erleben, sagen sie: »Wissen Sie, eigentlich habe ich kein Problem. Meine Frau ist schwer bedrückt. Mein Problem ist, daß ich unter ihren Schwierigkeiten leide.«

Der Mann ist nicht bereit, seinen Anteil an den Konflikten der Frau wahrzunehmen. Ihn bedrücken die Probleme weniger. Darum spielt er die Spannung heruner, bagatellisiert den Konflikt und nimmt weniger Anteil an seiner Partnerin.

Ehe ist ein Einssein von Mann und Frau und beinhaltet daher:
– gemeinsame Freude,
– gemeinsames Leid,
– gemeinsamer Schmerz,
– gemeinsames Lösen von Schwierigkeiten.

Deine Probleme sind meine Probleme, dein Kummer ist mein Kummer, dein Zweifel ist mein Zweifel.

3. Denkanstoß: *Die Chancen der Ehe sind gut, wenn Geben und Nehmen sich einigermaßen die Waage halten*

In vielen Ehebüchern lese ich einen Satz, mit dem ich nicht übereinstimme. Er lautet: »Ehe heißt, *du, du, du* nur allein.« Dieser Gedanke ist unchristlich und gefährlich zugleich. Ich halte ihn biblisch-theologisch und therapeutisch für äußerst bedenklich.

Der Kardinalsatz des Alten und Neuen Testaments lautet: »Liebe deinen Nächsten *wie dich selbst*.« Er gilt auch für die Ehe. Wer sich selbst nicht liebt und bejaht, kann auch den anderen nicht lieben und bejahen – das ist seelsorgerliche und therapeutische Erfahrung. Die Bibel ist nüchtern. Ich soll den anderen nicht mehr lieben als mich, ich soll ihn auch nicht weniger lieben. Die vielen Frustrationen, Resignationen und vor allen Dingen Depressionen, die ich mir in Beratungsgesprächen anhören muß, haben nicht selten dieses falsche Verständnis im Hintergrund. Eine gute Ehe ist gekennzeichnet:
– durch Geben *und* Nehmen,
– durch Schenken *und* Beschenktwerden,
– durch Gelten *und* Geltenlassen,
– durch lieben *und* geliebt werden,
– durch achten *und* geachtet werden,
– durch ernstnehmen *und* ernstgenommen werden,
– durch gewähren *und* gewähren lassen,
– durch befriedigen *und* befriedigt werden.

Selbstverständlich geht es nicht um ein Verrechnen und Nachrechnen. Die gegenseitigen Aktionen und Liebesbeweise werden nicht auf die Goldwaage gelegt. Beide sind bemüht, sich gegenseitig glücklich zu machen. Eine gute Partnerschaft ist niemals die Glanzleistung *eines* Ehegatten. Partnerschaft heißt: Selbstliebe und Nächstenliebe sind unteilbar. Jeder billigt dem anderen gleiche Rechte und Pflichten zu. Das Wohlbefinden des einen erfordert das Wohlbefinden des anderen. Beide müssen das Gefühl haben, daß sie sich ergänzen und ihre Beiträge einigermaßen ausgewogen sind.

Wer sich *einseitig* als der Gebende, Schenkende und sich Opfernde empfindet, strapaziert sich und die Ehe. Bitterkeit, Depressionen und körperliche Symptome sind ein sicheres Indiz dafür, daß die Liebe völlig aus dem Gleichgewicht gekommen ist. Wer sich einseitig verwöhnen läßt und eine Schmarotzerrolle aus der Ursprungsfamilie beibehält, handelt ehewidrig, egoistisch und lieblos. Es ist erforderlich, daß der Partner diese Verwöhnungshaltung nicht großzügig in Kauf nimmt und das kindliche Rollenverhalten verlängert. Kommt es dann zu schweren Krisen, haben sich beide schuldig gemacht.

Der Berliner Theologieprofessor Helmut Gollwitzer kommentiert partnerschaftliches Verhalten so:

»Jeder findet seinen Reichtum nicht in sich selbst, sondern im anderen. Jeder hat seine Lust nur, indem er dem anderen zur Urquelle der Lust wird . . . Der Egoismus – ich brauche den anderen für mich, für mein Glück – ist die Kraft des Eros; und die Erkenntnis: Ich werde nur glücklich durch das Glück des anderen, ist die Weisheit des Eros. Er weiß: Ich komme auf meine Rechnung nicht dann, *wenn* auch der andere . . ., sondern nur dadurch, *daß* auch der andere auf seine Rechnung kommt.«[15]

4. Denkanstoß: *Die Chancen der Ehe sind gut, wenn Sie rückhaltlos zum Partner ja sagen*

Ein deutscher Eheberater hat vor Jahren den Satz geäußert: »Ich kann das Wort Liebe nicht mehr hören. Ich möchte es durch ein anderes ergänzen: *Ich sage ja zu dir*.« Er hat begriffen, daß Liebe nicht in erster Linie ein Gefühl ist, sondern eine *Gesinnung*.

Konkret heißt das:
- Ich sage ja zu dir,
- ich bekenne mich zu dir,
- ich akzeptiere dich in guten und bösen Tagen,
- ich entscheide mich für dich im Glück und im Unglück,
- ich liebe dich in der Jugend und im Alter,
- ich liebe dich, wenn die Haut glatt ist und die gute Figur passé ist.

Solche Gesinnung ist von Gefühlen unabhängig. Wer sich auf seine Gefühle verläßt, ist verraten und verkauft. Die Gefühle der Liebe sind wetterwendisch und wechselhaft; heute sind sie oben, morgen unten. Sie kommen und gehen. Die Gefühle der Liebe sind abhängig:
- von der Stimmung,
- vom Wetter,
- vom Ärger,
- vom Schlaf,
- vom Essen,
- von den Lottozahlen,
- vom Schmerzen im kleinen Zeh.

Wer sich davon bestimmen läßt, kann nicht rückhaltlos zum Partner ja sagen. Er läßt sich von Gefühlen leiten, aber nicht von der Liebe. Dazu gehört, daß ich den anderen annehme, wie er ist, nicht wie er sein sollte, wie ich ihn gerne hätte. Viele Ehepartner haben am anderen ständig etwas auszusetzen. Das ist Egoismus.
- Der andere soll sich meinen Vorstellungen beugen,
- der andere soll nach meiner Pfeife tanzen,
- der andere soll sich meinen Wünschen unterordnen,
- der andere soll sein Eigenleben aufgeben.

Wer seine Meinungen durchpeitscht, nicht nachgeben und Kompromisse schließen kann, spielt sich zum Tyrannen auf. Wer seinen Partner *ummodeln* will, wer ihn anders haben möchte und an ihm herumerzieht, liebt ihn nicht.

Christus hat rückhaltlos ja zu uns gesagt, und zwar ohne Einschränkungen und Bedingungen. Von Ihm lernen wir, was Annahme bedeutet.

Wer sich den Partner nach seinem Bilde zurechtschneidert, liebt ihn nicht. Er handelt gegen das 2. Gebot, das auch für den Ehepartner

gelten kann: »Du sollst dir kein *Bild* machen.« Nichtannahme bedeutet:
- Wir vergewaltigen den Partner,
- wir pressen ihn in ein Bild,
- wir legen ihn fest und blockieren seine Wandlungsmöglichkeit.

Rückhaltlos zum Partner ja sagen, ist wichtiger, als wenn hundert Faktoren bei der Partnerwahl gesucht werden, die übereinstimmen sollen. Selbst die völlige Übereinstimmung auf vielen Gebieten und gefühlsmäßige Harmonie garantieren kein Glück.

Der stille und laute Vorwurf »Wir passen nicht zusammen« ist in der Regel Flucht vor der gemeinsamen Aufgabe, die Ehe gemeinsam zu meistern. Gegensätze in den Charakteren sind Reichtum. Zwei Menschen ergänzen sich. Zwei Menschen kapitalisieren verschiedene Gaben in ihrer Partnerschaft. Sie müssen nicht auf allen Gebieten zusammenpassen und in ihren Vorstellungen, Gefühlen und Wahrnehmungen übereinstimmen. Wer das anstrebt, will wieder die Sterne vom Himmel holen. Über solche unrealistischen Wunschträume, die aus der Angst vor gemeinsamen Lebensaufgaben geboren sind, schrieb der Vater der Ehekunde, der Begründer der Ehewissenschaft, Dr. Theodor Bovet: »Zur ganzen Frage ist zu sagen, daß das Glück einer Ehe nicht nur und vielleicht nicht in erster Linie von der Partnerwahl abhängt, sondern vielmehr vom gemeinsamen Willen beider Partner, miteinander eine wirkliche Ehe aufzubauen. Auch die ›vernünftigste‹ und ›verliebteste‹ und nach bestem Testverfahren approbierte Partnerwahl kann zu einer schlechten Ehe führen, wenn die Partner nicht bereit sind, die letzten Opfer zu bringen.«[16]
Entscheidend ist der gemeinsame Wille, das gemeinsame Wollen. Das konstruktive Miteinander und das gemeinsame Tun sind wichtiger als Aspekte der Übereinstimmung.

Die Chancen der Ehe für Christen sind unübersehbar. Christen können Zeichen setzen, Christen müssen Zeichen setzen. Christliche Ehen sind der Sauerteig in unserer Gesellschaft. Die Ehe ist Gottes Schöpfung und ein lohnenswertes Ziel – für christliche Partner und für die Kinder, die geboren werden.
Ich glaube, daß Ehen, die mit Jesus Christus im Bunde geschlossen und geführt werden, haltbarer sind und einen besseren Bestand ha-

ben. Eine entsprechende Untersuchung in Amerika ergab, daß gegenwärtig etwa jede zweite Ehe wieder geschieden wird. Bei Menschen, die Gottes Wort ernst nehmen und sich von ihm leiten lassen, sieht die Statistik wesentlich anders aus. Nur jede 57. Ehe, bei der die Familie *oft* unter Gottes Wort ging, scheiterte. Und nur jede 500ste, in der zu Hause tagtäglich die Bibel gelesen und gebetet wurde, endete vor dem Scheidungsrichter. Es ist unbestritten, auch Christen haben Probleme, und zwar handfeste. Wer etwas anderes sagt, lügt. Aber Christen können mit Gottes Hilfe kompromißloser aufeinander zugehen. Christen, die mit dem lebendigen Gott als Drittem im Bunde eine Ehe führen, sind eher in der Lage, ungeistliche Verhaltensweisen abzulegen, nämlich:
– Herrschsucht,
– Besitzgier,
– Egoismus,
– Eifersucht,
– Rechthaberei und Unversöhnlichkeit.

»Christen leben von der Vergebung,« heißt ein Buchtitel von Manfred Hausmann. Er drückt präzise aus, wie sich bewußte Christen begegnen. Wer vergeben kann, hat immer schon ein großes Paket von Schwierigkeiten in der Ehe aus dem Wege geräumt. Gott will keinen Menschen, der allein ist. Die Ehe ist *ein* Lebensziel, Alleinsein und Einsamkeit zu verringern. Ehe ist eine gemeinsame Lebensaufgabe, von der Martin Luther sagte:

»Ehe heißt, daß einer den anderen zum Himmel führt.«

»Dann ist's nicht gut, ehelich zu werden«

Neben dem Mut zur Ehe und dem überzeugenden Ja zur lebenslangen Partnerschaft gibt es zunehmend Zweifler und Zauderer, die das Wagnis Ehe nicht eingehen wollen. Wenn in der Bundesrepublik jede dritte Ehe wieder geschieden wird und unzählige Ehen gefährdet sind, dann wird die Angst vor der Ehe verständlich.

Dem Thema liegt ein Bibelzitat zugrunde. Es steht im Matthäus-Evangelium, im 19. Kapitel. Jesus unterhält sich mit seinen Jüngern und mit Pharisäern, die ihm eine Falle stellen wollen, über die Scheidung. Jesus macht unmißverständlich klar, daß die Ehe unauflöslich ist, es sei denn, ein Partner begeht Ehebruch. Die Jünger, nicht die anderen, sind perplex. Sie reagieren betroffen. Ihnen schießt eine Skepsis in die Glieder, und sie reagieren offensichtlich mit Angst. Vers 10: »Da sagten seine Jünger zu ihm: ›Wenn es zwischen Mann und Frau so steht, sollte man lieber gar nicht heiraten.‹«

Schon damals spiegelten die Jünger Jesu offensichtlich davon etwas wider, was vielen jungen Menschen heute in den Knochen steckt. Nur die Begründungen sind vermutlich heute andere. Schauen wir uns die Gründe und Motive etwas genauer an, die vor allem junge Menschen ins Spiel bringen.

Angst vor der Ehe

Ich nenne 5 Gesichtspunkte, die den ersten Themenkomplex Angst vor der Ehe umreißen.

1. Angst signalisiert fast immer eine geringe Beziehungsfähigkeit

Angst ist ein universelles Gefühl und ein Kennzeichen für die menschliche Natur. Angst hat im menschlichen Leben eine nützliche Funktion. Sie ist der Ausdruck einer lebenerhaltenden Kampf- oder Fluchtreaktion. Wir brauchen diesen biologischen Mechanismus, der uns handlungsfähig, lebens- und überlebensfähig macht. Auch Christen haben Angst. Christus hat nicht gesagt: »In der Welt habt ihr Angst, doch seid getrost, *ich nehme euch die Angst weg,*« sondern er sagte: »In der Welt habt ihr Angst doch seid getrost, ich habe die Welt überwunden.« Das heißt für mich:

– In meiner Angst habe ich einen *Anwalt,*
– in meiner Angst habe ich einen *Fürsprecher,*
– in meiner Angst habe ich einen *Beistand,*
– in meiner Angst bin ich *nicht allein.*

Nach relativ einhelliger psychiatrischer und psychologischer Meinung ist die Angst der Schlüssel zur gesamten Psychopathologie, der Schlüssel zu allen seelischen Störungen. Darum signalisiert die Angst vor der Ehe fast immer

– eine geringe Beziehungsfähigkeit,
– eine geringe Partnerschaftsfähigkeit,
– eine geringe Liebesfähigkeit,
– einen kleinen Aktionsradius im Zwischenmenschlichen,
– ein geringes Selbstvertrauen und damit eine deutliche Kommunikationsschwäche.

Der junge Mensch tritt auf der Stelle. Er wartet ab, weicht aus und zieht sich vor dem anderen Geschlecht zurück. Er traut sich nicht zu, ein Leben lang mit seinem Partner zusammenzuleben.

Woher kommt die mangelhafte Beziehungsfähigkeit? Aus der Familie. Ob ein Mensch liebes- und bindungsfähig wird, hängt weitgehend vom seelischen Klima in der Familie ab. Denn die Familie ist in erster Linie der Ort, in dem wir Liebe, Verständnis und Unterstützung finden, selbst wenn alles andere versagt. Liebesfähigkeit ist keine Mitgift der Natur. Wir haben sie nicht geerbt und tragen sie nicht im Blut. Ohne Training und ohne Erfahrung können wir mit ihr im zwischenmenschlichen Umgang nicht operieren. Das Familienklima beschreibt eine Atmosphäre und eine bestimmte seelische Witterung innerhalb der Familie. Diese familiäre Wetterlage kann »schön«, »bedrückend«, »wolkig«, »klar«, »freundlich«, »warm«, »verregnet«, »kalt«, »stürmisch« und »eisig« sein. Je negativer die Erfahrungen, desto kritischer die spätere Liebesfähigkeit. Und genau diese verschiedenen Klimate sind es, die den Nährboden abgeben für zufriedenstellende oder auch für gestörte Liebes- und Bindungsfähigkeit.

Die amerikanischen Psychologen Don Dinkmeyer und Gary D. McKay schreiben dazu: »Die Familie bildet die Umwelt und den Rahmen, die das Kind einer bestimmten Richtung von Lebensvorstellungen aussetzen. Überzeugungen, Wertmaßstäbe und Wesenszüge stammen aus dieser Atmosphäre, genau wie die verschiedenen Verhaltensweisen, die zeigen, wie man mit anderen in Beziehung treten kann. Das Kind beobachtet die Beziehungen und den Austausch in der Familie und integriert diese als *die* Umgangsweise mit anderen Menschen. Wenn Vater und Mutter streiten, wenn einer von beiden mit Launen oder Gefühlsausbrüchen arbeitet, um sich durchzusetzen, wird das vom Kind genau beobachtet, und es übernimmt diejenigen Verhaltensweisen, die ihm effektiv erscheinen. Das familiäre Verhalten ist als eine direkte Verhaltens-Determinante zu betrachten. Selbstverständlich ist das Kind frei, ein solches Verhalten zu akzeptieren oder abzulehnen. Wenn Geschwister ähnliche Charakterzüge haben, ist es meistens ein Ausdruck der Familienatmosphäre, welche die Kinder geprägt hat.«[17]

Was haben die Kinder gelernt, um es später in Partnerschaften zu praktizieren?

- Sich durchsetzen auf Kosten der anderen,
- recht behalten müssen,
- Frauen und Mädchen werden als zweitrangig eingestuft,
- Probleme werden durch Machtworte geklärt,
- Gefühle und tiefe Empfindungen werden immer verschwiegen,
- Bedürfnisse und Wünsche werden durch Schreien und Schimpfen angemeldet,
- durch Rückzug und Schweigen werden andere Familienmitglieder unter Druck gesetzt,
- durch laute und versteckte Machtkämpfe werden Probleme geregelt, usw. usw.

Eine mangelhafte Kommunikation und Kooperation in der Kinderstube begleiten den jungen Menschen in mögliche Partnerschaften. Diese Defizite lösen Angst aus und blockieren eine tragfähige Partnerschaft.

2. Angst, die das neue Ehe- und Scheidungsrecht ausgelöst hat

Die Ehe nach dem neuen Scheidungsrecht wird von vielen jungen Menschen wie ein Balanceakt ohne Netz verstanden. Junge Männer vor allem befürchten finanzielle Katastrophen und persönliche Sackgassen, wenn die Ehe scheitert. Die Beispiele finanziellen Ruins und zerstörter persönlicher Selbstverwirklichung bei jungen Männern, die von den Kommunikationsorganen breitgetreten werden, lähmen deutlich das Risiko, eine Ehe einzugehen.

Auf diesem Hintergrund gewinnt die Partnerschaft ohne Trauschein immer mehr Befürworter. Angst wird zum Motor für ehefeindliche Beziehungen.

Frau »Irene« druckt in »Hör zu« die Stellungnahme einer Ehefrau ab. Da heißt es:

»Die hohen Scheidungsziffern und die mit dieser Scheidung drohende Vernichtung der Existenz, insbesondere für die Männer, erzeugt im Unterbewußtsein die Angst vor der Ehe. Geschiedene Männer mögen durchaus in der Ehe mit Trauschein, in Frau und Kindern, im glücklichen Heim den Sinn des Lebens sehen und die Grundlage für alles Schaffen. Durch die Scheidungsfolgen mit allen finanziellen Lasten aber werden sie zwangsläufig ehefeindlich, sie können sich eine Ehe im Sinn des Wortes einfach nicht mehr leisten. Das ist der Grund der ›Ehescheu‹.«[18]

3. Angst, weil die Ehe heute im Durchschnitt 45 Jahre dauert

Die Lebenserwartung ist gestiegen. Im vorigen Jahrhundert hatte die Frau ein Durchschnittsalter von 35 Jahren. Sie starb oft – durch viele Geburten geschwächt – im Kindbett. Die Infektion tat ein übriges. Die Sterblichkeit im Kindbett war enorm hoch. So kam es, daß sich viele Ehen schon nach wenigen Jahren von selbst auflösten. Der Mann heiratete wieder, und viele Ehekrisen lösten sich auf diese Weise.

Heute dauert eine Ehe im Durchschnitt 45 Jahre. Viele junge Menschen zögern und zeigen sich mutlos, sich für ein halbes Jahrhundert an einen Menschen zu binden. Sie fürchten die Langeweile, die Gleichgültigkeit und ein allmähliches Auseinanderleben. Der Hamburger Professor Thielicke kommentiert diese Gedanken so:

»Diese Reserve hat einen banalen und gleichwohl elementaren Grund: Bei der geringen Lebenserwartung früher gelobte man sich Treue für einen begrenzten und einigermaßen übersehbaren Zeitraum. Wer aber wagt es heute, zumal ohne tiefere religiöse Bindungen, eine übersehbare Lebensgeschichte von einem halben Jahrhundert an einen anderen Menschen zu binden?«[19]

4. Angst, weil viele die Institution Ehe für überholt halten

Eine der letzten Umfragen des Demoskopischen Instituts in Allensbach, die 1978 veröffentlicht wurde, ergab gegenüber Untersuchungen von 1949 und 1963: 1949 waren 86 % der Männer und 77 % der Frauen mit ihrer Ehe zufrieden. 1963 waren sogar 89 % der Männer und 85 % der Frauen mit ihrer Ehe zufrieden. Und dann vollzog sich ein Meinungsumschwung, der die Institution Ehe betrifft. Bei der Frage: »Halten Sie die Einrichtung der Ehe grundsätzlich für notwendig oder für überlebt?« antworteten 1978 46 % der jungen Männer im Alter von 16 bis 19 Jahren und 32 % der Frauen im Alter von 20 bis 29 Jahren, die Einrichtung sei überlebt. 15 Jahre zuvor waren es noch doppelt so viele Frauen gewesen, die die Ehe für notwendig erachteten. Korrekterweise muß aber gesagt werden, daß die Institution Ehe hinterfragt wurde, nicht die Partnerschaft zu zweit überhaupt. Die Leiterin des Allensbacher Institutes, Elisabeth Th. Noelle-Neumann, kommentiert dieses überraschende Ergebnis so:

»Eine sexuelle Revolution – der Ausdruck ist nicht übertrieben. Stärkere Veränderungen, als sie im Vergleich der beiden STERN-Umfragen über die Intimsphäre 1963 und 1978 sichtbar wurden, lassen sich gar nicht denken.«[20]

Frau Noelle-Neumann glaubt, daß diese sexuelle Revolution nicht rückgängig gemacht werden kann. Dem widerspreche ich energisch. In einer so schnellebigen Zeit wie der unsrigen sind rasche Trendwenden möglich. Die Propagierung der Lust und die Vergötzung der Sexualität bringen den jungen Menschen nicht das ersehnte Glück, auf das sie gesetzt haben. Hier hat ihnen eine billige Sensationsmache ein Sexparadies vorgegaukelt. Beglückende Sexualität ohne dauerhafte Liebe ist wie Licht ohne Schatten. Selbst die fanatischsten Vertreter der Sexwelle werden schneller als gedacht ihren Irrtum zugeben müssen. Helmut Thielicke sagte es in seiner unnachahmlichen Art so:

»Das schauerliche Subtraktionsexempel ›Sex minus Menschlichkeit = punktueller Lustgewinn‹ kann als Lebensmaxime nicht das Letzte bleiben. Der mißhandelte Sex wird sich rächen. Er ist viel zu elementar, um seine Ausplünderung zu ertragen.«[21]

Befriedigende Sexualität, die bleibt, nicht abstumpft und die Menschen ganzheitlich beglückt, ist das Ergebnis einer Harmonie zu zweit. Schon aus dem Grunde wird die Ehe Zukunft haben und nicht von einer Minderheit provozierender Ideologen totzukriegen sein.

5. Angst, die Selbstverwirklichung einzubüßen

Die Selbstverwirklichung wurde in den letzten Jahren als *Lebensziel* angeboten und sogar in einigen Kreisen der Psychotherapie als Zielwert charakterisiert. Diese egoistische Konzentration auf Selbstbeglückung hat viele Ehen in Schwierigkeiten gebracht. Jeder überprüft ständig seinen Puls, um zu kontrollieren, ob die vom Partner gewährte Zuwendung noch seinen Ansprüchen genügt. Bekommt er genug für sich? Wird sein Freiheitsspielraum auch nicht eingeengt? Wird sein subjektives Glück nicht infrage gestellt? Selbstverwirklichung am anderen vorbei ist eine Zielverfehlung. Der Züricher Arzt und Psychotherapeut Jürg Willi lehnt auch therapeutisch dieses Konzept ab, wenn er schreibt:

»Ich glaube, daß es rein wissenschaftlich ein Fehlkonzept war, Selbstverwirklichung als höheres Ziel zu betrachten. Was dabei vernachlässigt wurde, ist, daß diese Entfaltung von seinem Innenleben eben nicht möglich war, ohne daß sich das auf seine Beziehungen zum Mitmenschen ausgewirkt hat. Die Mitmenschen bekommen dadurch oft einen feindseligen Charakter, sie wurden zu den Wesen, die diese Entfaltung einschränkten, so daß die Meinung aufkam, das Wichtigste sei, daß ein Individuum sich möglichst rigoros gegen seine Umgebung durchsetzen kann . . . Es gibt keine Lebewesen, die unabhängig sich entwickeln. Alles Leben befindet sich in Abhängigkeiten und in Bezogenheiten.«[22]

Glück, Genuß, Lust und Selbstverwirklichung können niemals direkt erreicht werden, sie sind *Begleiter* einer harmonischen Beziehung, sie sind ein Geschenk, das den Liebenden *nebenbei* in den Schoß fällt. Die Bibel korrigiert die Selbstverwirklichung noch drastischer. Sie weist darauf hin, daß hier ein elementares Lebensgesetz verletzt wird, das Gesetz nämlich, daß ich die Erfüllung meiner selbst nur finde, indem ich mich bindend, schenkend und dienend für den anderen hingebe, und nicht, indem ich mich auf mein Selbst konzentriere. »Liebe deinen Nächsten wie dich selbst,« das ist Selbstverwirklichung und Beglückung des anderen. Das ist gottgewollte Partnerschaft, das garantiert eine harmonische Zweierbeziehung. Und keiner der beiden muß Angst haben, zu kurz zu kommen.

Ehelosigkeit

Angst vor der Ehe kann auch zur Ehelosigkeit führen. Der Mensch glaubt: Das Risiko ist zu groß, die Prognosen sind schlecht. Alleinsein ist unkomplizierter, wenn auch nicht leichter und unproblematischer. Wichtig ist, daß es *die* Ehelosigkeit nicht gibt, sondern nur viele Spielarten der Ehelosigkeit mit unterschiedlichen Motivationen. Aber zunächst möchte ich die Frage beantworten:

1. Ist die Ehe die erste Christenpflicht?

Ist die Ehe nicht zwingend von Gott geboten? Gibt es von daher nicht so etwas wie eine »Pflicht zur Ehe«? Die Schriftgelehrten forderten damals das Heiraten von jedem Mann. Auch in der christlichen Ethik ist von vielen Theologen die Ehepflicht herausgestellt worden, so von dem lutherischen Theologieprofessor Paul Althaus, der schrieb:

»Niemand hat das Recht, sich dem Schöpfungswillen Gottes, der uns in der menschlichen Anlage und dem natürlichen Drange zu zeugen fordert, zu versagen. Die Ehe ist die höchste Aufgabe persönlicher Gemeinschaft – niemand hat das Recht, sich ihr zu entziehen.«

Althaus bemüht dazu die Schöpfungsordnung Gottes. Ich glaube, daß er Jesus nicht ganz gerecht wird, der neben dem Ja zur Ehe zugleich ein Ja zur Ehelosigkeit deutlich macht.

»Es gibt verschiedene Gründe, warum jemand nicht heiratet. Manche Menschen sind von Geburt an zeugungsunfähig, manche – wie die Eunuchen – sind es durch einen späteren Eingriff geworden. Noch andere verzichten von sich aus auf die Ehe, um Gott besser dienen zu können. Versteht es, wenn ihr könnt« (Matth. 19,12).

Zweifellos hat Gott der Ehe, seiner Schöpfungsordnung, die Hauptpriorität eingeräumt. Aber sie kann nicht als Pflicht jedem Menschen aufgezwungen werden.

2. Ehelosigkeit, die auf einer Lebenslüge basiert

Was ist eine Lebenslüge? Wenn ich mich hinter Ausreden verstecke und mir in die eigene Tasche lüge. Wenn ich mir im Hinblick auf Ehelosigkeit etwas vormache und noch daran glaube. Ich proklamiere Ehelosigkeit als Lebensideal, um mich dann ängstlich und resigniert vor Aufgaben, vor Pflichten und Forderungen der Ehe zu drücken.

Ich nenne drei Beispiele für solche Lebenslügen.

1. Beispiel: *Ich bleibe ehelos, weil ich äußerlich so wenig attraktiv bin*

Aus der Partnerschaftsberatung kann ich ein Lied davon singen, wenn junge Menschen ihr Schicksal beklagen und keinen Partner finden. Sie glauben:

»Ich bin nicht attraktiv«,

»an mir ist nichts Liebenswertes«,

»niemand kann mich leiden«.

Richtig daran ist: Wenn ich glaube, niemand mag mich, dann finde ich auch keinen Partner. Ich erfülle meine eigene Prophezeiung. Ich verhalte mich gemäß meiner negativen Erwartungen. Mit allen Mitteln programmiere ich meine befürchtete Ehelosigkeit. Die Folge ist, daß ich mich wie ein Abgewiesener verhalte. Ich glaube nicht an Gottes Plan für mich in der Ehe. Ich laufe meinen eigenen Ohrfeigen nach, weil ich einer Lebenslüge aufgesessen bin.

2. Beispiel: *Ich halte Ehelosigkeit für ein Zeichen von Lebensklugheit*

Er argumentiert: »Ich will nicht heiraten, weil ich möglichen Kindern, die gezeugt werden können, eine schwierige, ruinierte Welt ersparen will.«

Für Christen sind solche Sätze Unglaube und Kleinglaube. Wir sind Gottes Ebenbilder, seine Mitarbeiter und Stellvertreter hier auf Erden. Wir haben den Auftrag, uns zu vermehren und uns die Erde untertan zu machen. Wer kapituliert, hat sich der Resignation, des Pessimismus' und der Hoffnungslosigkeit hingegeben. Er stellt sich gegen Gott, der uns eine andere Verheißung gegeben hat. Unser Glaube ist ein Bollwerk gegen Resignation und Pessimismus. Ehelosigkeit als Zeichen von Lebensklugheit ist Verrat an Gottes Verheißungen.

3. Beispiel: *Ich bleibe ehelos, weil ich den passenden Partner nicht finden werde*

Der junge Mensch betrügt sich selbst, der mit zu hohen Erwartungen an den Lebenspartner herangeht. Der potentielle Ehepartner ist ein Mensch aus Fleisch und Blut und kein Engel, ein Mensch mit Fehlern und Schwächen und kein personifizierter Traum. Je höher die Ansprüche, desto geringer die Chancen der Verwirklichung. Wer Perfektion und Vollkommenheit – auch im Hinblick auf den Partner – anstrebt, bleibt allein. Wünsche der Vollkommenheit, die an den Lebenspartner gerichtet werden, spiegeln einen hochgradigen Egoismus und Hochmut wider. Die Umgebung, die solche Wünsche vernimmt, ulkt dann auch entsprechend:

»Der Mensch, der dir gefällt, muß erst geboren werden!«

»Ich rate dir, heirate einen Engel!«

»Dein Bilderbuch-Partner muß aus fünf Idealpersönlichkeiten zusammengesetzt sein.«

Menschen mit solchen Forderungen verraten Abwehr und ehefeindliches Verhalten. Sie werten den anderen ab und stellen gern das eigene Ich auf einen hohen Sockel. Sie lieben nicht, sie wollen den anderen für eitle Zwecke mißbrauchen. Wer solche Wünsche erfüllen will, muß ein Zauberkünstler der Liebe sein. Die Liebe spricht eine andere Sprache, sie nimmt den Partner, wie er ist. Liebe bejaht den liebsten Menschen, ohne Abstriche. Eine solche Liebe flieht nicht in die Lebenslüge und wird vermutlich nicht allein bleiben.

3. Ehelosigkeit, die durch Egoismus, Empfindlichkeit und Einsamkeit verursacht wird

Für meine Begriffe sind Empfindlichkeit, Einsamkeit und Egoismus miteinander verschwistert. Wer sehr egoistisch lebt und liebt, wird einsam sein. Wer hochgradig empfindlich ist, ist egoistisch und damit einsam zugleich. Einsamkeit ist vielfach selbst verschuldet. Selbstverständlich gibt es Einsamkeiten, die unverschuldet zustandekommen.

Es kommen junge Menschen in die Beratung und sagen: »Ich bin so schrecklich einsam und allein. Was soll ich machen?«

Meine erste Gegenfrage lautet gewöhnlich: »Was haben Sie bisher *gemacht*, um die Einsamkeit zu überwinden?«

Einige bewußte Christen sagen: »Ich habe gebetet.« Beten ist gut.

»Glauben Sie auch, daß der lebendige Gott einen Partner für Sie bereithält?«

»Ich weiß nicht recht«, sagte eine junge Dame. Sie betet und glaubt nicht, daß Gott ihr Gebet erhören kann. Ruhig bleibt sie im Sessel sitzen und wartet, bis der liebe Gott ihr einen Partner auf den Schoß setzt. Für meine Begriffe ist das Mißbrauch des Gebetes. Wenn das Beten mich nicht ermutigt, in Seinem Namen hinzugehen, um alle Chancen und Möglichkeiten auszuschöpfen, die der lebendige Gott erfüllen oder versagen kann, wird das Gebet mißbraucht.

Empfindlichkeit und Überempfindlichkeit sind auch eheverneinend. Beides sind negative Verhaltensmuster, die das Zusammenleben stark erschweren. Sensibilität ist positiv, Empfindlichkeit ist bedenklich. Sensibilität beinhaltet Einfühlbarkeit, macht hellhörig für den anderen und ist ein Zeichen von Wachheit und Aufgeschlossenheit.

Empfindlichkeit und Überempfindlichkeit sind destruktive Durchsetzungstechniken. Fälschlicherweise wird angenommen, Empfindlichkeit sei ein Erbübel. Nein, der Empfindliche *benutzt* seine Mimo-

senhaftigkeit und sein Gekränktsein, um die Umgebung in Atem zu halten.
- Der Empfindliche manipuliert die anderen,
- der Empfindliche fühlt sich enttäuscht und macht dem anderen Schuldgefühle,
- der Empfindliche versteht es, sich gekränkt und beleidigt zu geben, wenn sich nicht alles um ihn dreht.

Hier schaut der Egoismus aus allen Falten. Im Klartext lautet die Botschaft des Empfindlichen:
- Ich bin leicht verletzt, wähle deine Worte;
- ich bin schnell gekränkt, überlege, was du tust;
- ich bin tief beleidigt, streng dich an, dich mit mir wieder zu versöhnen.

Solche überempfindlichen Menschen sind abweisend und anstrengend, sie sind egoistisch und partnerschaftsfeindlich. Viele stoßen ab und bleiben allein. Sie suchen die Schuld beim anderen und nicht bei sich.

Wenn die zunehmende Single-Bewegung in der westlichen Welt gewollt die Ehelosigkeit favorisiert, verbirgt sich dahinter ein grandioser Egoismus. Sie kultivieren das persönliche Glück, behaupten ihr unaufgebbares Eigenleben und lehnen den Kardinalsatz für partnerschaftliches Verhalten ab: »Liebe deinen Nächsten wie dich selbst.« Viele Singles leben in einer selbstverschuldeten Einsamkeit. Sie leiden mehr, als sie zugeben wollen. Untersuchungen haben ergeben, daß sie häufiger an Körperkrankheiten und seelischen Störungen leiden als der Durchschnittsmensch. Sie produzieren mehr Depressionen als Verheiratete und sind unzufriedener als Verheiratete mit ihrem gesamten Lebensschicksal.

4. Ehelosigkeit als Charisma

Die Ehe ist nicht das Einzige und Letzte und der Güter Höchstes. Die Ehe ist ein wunderbares Geschenk unseres Gottes. Aber das kann Ehelosigkeit auch sein. Sie ist ein Charisma, eine Gabe und ein Geschenk. Da gibt es Menschen, die sich mit ihrer ganzen Existenz Gott in die Hände gegeben haben. Mit ihrem Denken, Fühlen, Planen,

Hoffen und Arbeiten stehen sie Gott zur Verfügung. Ihr Hauptberuf ist Gottesdienst und nicht Ehe und Familie. Sie fühlen sich berufen und haben sich für Ehelosigkeit entschieden. Nicht aus Mangel an Gelegenheit haben sie der Ehe den Rücken gekehrt, sondern weil Gott sie völlig in Beschlag genommen hat. Ehelosigkeit als Berufung, kein Akt der Leibfeindlichkeit, keine Verurteilung des Sexuellen als etwas Schmutziges. Wer über die Abwehr des Sexuellen zur Ehelosigkeit gekommen ist, sollte sich ernsthaft fragen, ob sein Weg Gottes Weg sein kann. Die ehemals überhöhte Einschätzung von Mönch und Nonne, Zölibat und »Josefsehe« sind zutiefst unbiblische Vorstellungen. Wer Ehelosigkeit als Platzanweisung Gottes versteht, wird in dieser Welt ein Segen sein und in der großen Familie Gottes einen Platz haben. Das beschreibt sehr positiv Anneliese Bausch:

»Das heißt für den Ledigen, er wird sich freuen an den guten Gaben Gottes. Und er wird auch nach den Aufträgen Gottes fragen und wird sich mit seinen Gaben hier einsetzen . . . Türen tun sich für ihn auf, Menschen kreuzen seinen Weg, Aufgaben kommen auf ihn zu, die eigenen Kräfte wachsen, und das Glück springt immer wieder auf in seinem Leben wie eine Quelle. So wird auch für den Ledigen entscheidend sein, wie er dieses Leben überhaupt verstehen will. Auf diesem Weg wird er auch die Familie Gottes entdecken, von der Jesus sprach, als er sagte: ›Wer sind meine Mutter, meine Brüder und Schwestern? Die sind es, die mit mir Gott gehören wollen und die mit mir auf dem Wege sind.‹ Da gibt es Brüder und Schwestern für den Ledigen und eine Heimat, so daß er nicht allein sein wird.«[24]

Ehe ohne Trauschein?

In den letzten hundert Jahren ist die Institution Ehe einem starken Wandel ausgesetzt gewesen. Folgende Aspekte haben diesen Prozeß beschleunigt:

- Die zunehmende Trennung von Wohn- und Arbeitswelt,
- die Ablösung der Großfamilie durch die krisenanfällige Kleinfamilie,
- die vermehrte Berufstätigkeit der Frau,
- die seit vielen Jahren propagierte Emanzipation der Frau,
- die veränderte Einstellung zur Sexualität,
- die höhere Lebenserwartung, die die Ehe im Durchschnitt über 40 Jahre bestehen läßt,
- die leichtere Scheidungsmöglichkeit, die vor allem moralisch die Betroffenen in unserer Gesellschaft entlastet hat.

In den fünfziger Jahren war ein ähnliches Thema aktuell. Überall – vor allem in kirchlichen Kreisen – und besonders mit Jugendlichen wurde das Thema diskutiert: Ehe ohne Ring. Damals ging es um die *voreheliche* Problematik! Die Ehe als Institution stand damals nicht zur Debatte.

Heute geht es um *eheähnliche* Beziehungen; die heißen Auseinandersetzungen um voreheliche Beziehungen haben an Schärfe und Intensität eingebüßt. Und heute steht die Institution Ehe sehr wohl zur Debatte. Für Tausende steht hinter dem Thema kein Fragezeichen mehr. Sie leben zusammen, ohne Skrupel und ohne Bedenken. Das Risiko ist nicht so groß, denn eine Versicherung für gutes Gelingen gibt niemand, und keine Versicherung der Welt schließt Verträge ab, um für den Mißerfolg der Ehe aufzukommen. Selbst eine der größten Versicherungsgesellschaften der Welt, Lloyds in England, versichert U-Boote, Luxusliner, Flugzeuge und Riesenöltanker, nur keine Ehe. Sie wissen warum.

Ehe auf Zeit

Ende der sechziger Jahre und Anfang der siebziger Jahre war ein Schlagwort im Schwange, die *sexuelle Revolution*, die Ehe und Familie unter Dauerbeschuß nahm. Die Ehe wurde in allen Tonlagen totgeredet. Soziologen und sogar Theologen sagten ihr ein rasches Ende voraus. Der Slogan »Opas Ehe ist tot« wurde für viele ein Wunschtraum. Das geforderte Ideal lebenslanger Treue und Liebe, von den Kirchen und vom Gesetzgeber vertreten, entspräche nicht mehr der gelebten Wirklichkeit.

In diesem Zusammenhang wurde auch die Frage »Ehe auf Zeit«, »Zusammenleben ohne Trauschein« lebhaft erörtert. Als 1974 das Demoskopische Institut Allensbach eine Befragung durchführte und unter anderem die Frage stellte: »Halten Sie die Einführung eines Ehevertrages auf Zeit für eine gute Idee?« antworteten 61 % der Befragten *ablehnend,* 25 % hielten den Vorschlag für *gut.* Der Prozentsatz der Befürworter lag allerdings bei der Altersgruppe der unter 30jährigen höher, nämlich bei 36 %. Ledige befürworteten im Durchschnitt zu 35 % die zeitlich begrenzte Ehe und selbst 22 % der Verheirateten wünschten sich eine solche Lösung. Rund ein Drittel aller Befragten spielt also offensichtlich mit dem Gedanken, die Ehe zeitlich zu begrenzen.

In Amerika leben rund 2 Millionen Paare zusammen, ohne verheiratet zu sein. Das sind 83 % mehr als im Vergleichsjahr 1970. Amerika hat immer noch die höchste Scheidungsrate der Welt – sie hat sich in den letzten 10 Jahren sogar verdoppelt. Nur knapp über die Hälfte aller Kinder lebt mit den eigenen Eltern zusammen, und 45 % aller in diesem Jahr Geborenen wird früher oder später Vater oder Mutter entbehren müssen, weil sie sich scheiden lassen. Im Gefolge dieser Störungen hat auch der Trend zum Alleinbleiben zugenommen: Seit 1970 um 40 %. Der Wechsel der Paare ist nach den Untersuchungen der renommierten Familienstatistiker Paul Gluck und Arthur Norton erheblich. Sie haben herausgefunden, daß die Mehrzahl der Paare weniger als zwei Jahre zusammenbleiben.

Der bekannte Eheberater Walter Trobisch machte vor Jahren eine Reise nach Australien und berichtete seine Eindrücke über Ehe und Liebe. Da heißt es:

»Die Ehe wird selbstverständlich in diese Todeslinie mit hineinge-
rissen. In Australien macht der kürzlich in Kraft getretene ›Family
Law Act‹ die Ehe praktisch zu einem Kontrakt, der nur für 1 Jahr gilt.
Das Schlagwort heißt: »creative divorce« – schöpferische Scheidung.
Scheidung also nicht als Notlösung, sondern als Ideal, als verlocken-
des Ziel. Seit Erlaß dieses Gesetzes stieg die Scheidungsziffer um 140
% . . . Immer mehr Paare heiraten mit der erklärten Absicht, nie
Kinder zu haben, und selbst Studentenpaare lassen sich vor der Hoch-
zeit sterilisieren, falls sie überhaupt heiraten.«[25]

Trobisch hat seinen Artikel überschrieben: Den Willen zum Leben
verloren.

Das ist für ihn
– der Weg in den Tod,
– der Weg in die Lebensfeindlichkeit,
– der Weg in die Kinderfeindlichkeit,
– der Weg in den rigorosen Egoismus.

Es ist interessant dabei zu erfahren, daß Australien mit seiner Gebur-
tenwachstumsrate unter O liegt – ein sterbendes Volk. Aber auch die
Bundesrepublik zählt zu den geburtenärmsten Ländern der Welt.
Jahrelang lag die Geburtenrate unter der Zahl der Toten. Jährlich
starben ca. 90 000 Menschen mehr, als neue geboren wurden. Das ist
nahezu die Bevölkerungszahl einer Großstadt, die jährlich von der
Landkarte verschwindet.

Lebensgemeinschaft ohne Heirat

In vielen westlichen Ländern – Frankreich, Italien, Schweden und
Dänemark – wird diese Form des Miteinanderlebens als normal ange-
sehen. Die ethischen Prinzipien der Kirche haben in der öffentlichen
Meinung an Wert eingebüßt. Liberalität und Großzügigkeit werden
großgeschrieben. Sünde wird als Kavaliersdelikt heruntergespielt
und heilige Eheversprechen werden als tote Riten abqualifiziert. Der
Makel des Verruchten, der einer »wilden Ehe« anhing, ist vergessen.
Die Lebensgemeinschaft ohne Trauschein und ohne Ring läßt sich
unangefochten gesellschaftlich realisieren.

Aber ist es wirklich eine *Lebensgemeinschaft?* Sachlich und juristisch ist das Wort unkorrekt. Zwei Partner leben zwar miteinander, haben aber keine Lebensgemeinschaft. Die Beziehung auf Lebenszeit fehlt. Traditionell wurde eine solche »wilde Ehe« als Konkubinat bezeichnet. Sie wollen ein befristetes Zusammenleben, sie wollen ein nichteheliches Beieinanderwohnen, aber die Lebenslänglichkeit ist ausgeschlossen. Was Lebensgemeinschaft heißt, hat Gerd Schimanski umfassend charakterisiert:

»Lebensgemeinschaft, was ist das? Es ist der Mut, trotz allem immer wieder aufeinander zuzugehen. Es ist die Zuversicht, die man in Abänderung eines Sprüchleins von Wilhelm Busch so ausdrücken könnte: ›Wer einsam ist, der hat es gut, weil niemand kommt, der ihm was tut.‹ Nein sagt der zur Lebensgemeinschaft Bereite: ›Wer verheiratet ist, der hat es gut, *weil* jemand kommt, der ihm was tut.‹ Der ihn zum Beispiel vom Sockel seiner Selbstherrlichkeit herunterholt. Auch dies natürlich überspitzt – in Abwehr eines gängigen Trends, der besinnungslos an der Leidens- und Verzichtfähigkeit vorbeiführt, weil er sich vom Leiden und Verzichten gar nichts verspricht.

Lebensgemeinschaft beruht für mich auf der ernsten, aber auch zuversichtlichen Gewißheit: Ich habe deine Armut und du hast meine Armut mitgeheiratet. Wenn wir das bejahen, bleibt die Lage immer noch ernst, aber nicht hoffnungslos. Wir könnten gemeinsam vorankommen . . . Lebensgemeinschaft, das heißt dreierlei: *Ich* sagen können, *du* sagen können, *wir* sagen können. Wo eins von diesem Dreifachen überhört oder aber vernachlässigt wird, da ist Lebensgemeinschaft bedroht. Heute, so scheint mir, sagt man oder tut man zuviel *Ich*. Nicht aus gesunder Ich-Stärke (die öffnet sich dem Du und dem Wir), sondern aus Ich-Schwäche, die sich angstvoll verschließt und die dann in der Anspruchshaltung erstarkt.«[26]

Deutlich wird: Man kann nicht von Lebensgemeinschaft reden, weil sie nicht existiert, und man kann nicht von Ehe reden, weil das Gelübde »bis der Tod euch scheidet« fehlt. Es handelt sich juristisch um eheähnliche oder nichtähnliche Partnerschaften ohne Rechtsanspruch. Im Artikel 6,1 des Grundgesetzes heißt es:

»Ehe und Familie stehen unter dem besonderen Schutz der staatlichen Ordnung«, das bedeutet, daß außereheliche Partnerschaften diesen staatlichen Schutz nicht genießen.

Die Vielfalt nichtehelicher Partnerschaften

Die Ehe ohne Trauschein gibt es nicht. Die Ziele und Gründe des Zusammenlebens sind breit gefächert. Viele nichteheliche Partnerschaften sind sogenannte »Weekend-Bekanntschaften«. Mit 18 sind die jungen Leute volljährig. Einige verdienen bereits, machen sich von den Eltern unabhängig und ziehen aus, um die völlige Freiheit zu genießen.

Viele Studenten ziehen paarweise zusammen, um sich in dem Mammutbetrieb einer Riesenuniversität nicht einsam und allein zu fühlen. Viele neuentstandene Universitäten sind Bildungsfabriken geworden. Der Student ist zur Nummer geworden. Persönliche Beziehungen untereinander und zum Professor können weitgehend nicht mehr gepflegt werden. Die Sehnsucht nach Zweisamkeit ist groß, die Liberalität der Gesellschaft fördert die nichteheliche Partnerschaft. Viele Studenten bleiben auf der Strecke, sie klammern sich paarweise aneinander, um dem Streß der Hochschule gewachsen zu sein, und scheitern nicht selten gemeinsam. Sie sind nicht stark genug, zuerst das Studienziel gemeinsam zu absolvieren.

Der Bochumer Eheberater Alfred Ziegner spricht eine weitere nichteheliche Partnerschaft an:

»Gelegentlich finden wir auch die merkwürdige Mischung dieser Bigamie mit dem ›Rentenkonkubinat‹. Krause, verheiratet und Vater von zwei minderjährigen Kindern ist mit seiner Freundin zusammengezogen. Sie bezieht eine beachtliche Witwenrente. Wenn er 3 Jahre von seiner Frau getrennt lebt, könnte er sich scheiden lassen. Doch Krause drängt gar nicht auf Scheidung, um seine Freundin zu heiraten. Dann ginge nämlich die Witwenrente flöten und er wäre nicht in der Lage, eine zweite Familie finanziell zu unterstützen.«[27]

Eine andere Form nichtehelicher Partnerschaft sind die *Probeehen*. Zwei Menschen lieben sich, haben ihre Ausbildung noch nicht abgeschlossen. Sie probieren Ehe, ohne letzte Verbindlichkeit zu leben. Sie wollen ihr persönliches Glück, ohne das Risiko einzugehen, den Konkurs einer legalisierten Ehe heraufbeschworen zu haben. Sie fühlen die Langeweile, die Alltagsgleichgültigkeit und die Abstumpfung der Liebe und der beiderseitigen Gefühle. Sie probieren und testen, ob sich ein lebenslanges Wagnis lohnt.

Dann gibt es das Zusammenleben von Witwen und Witwern, die nicht heiraten, weil sonst eine Rente verlorengeht. Der erhobene Zeigefinger ist verständlich, wird aber oft den sachlichen Gegebenheiten nicht gerecht. Sie fühlen sich wie Eheleute, werden aber in der Gemeinde nicht unkritisch betrachtet.

Es gibt in der Tat einen Katalog nichtehelicher Partnerschaften. Die Gründe und Motive für ein Zusammenleben ohne Trauschein und Ring sind zahlreich. Fraglos sind diese gesetzlich nicht geregelten Partnerschaften für Kirche und Gesellschaft eine Herausforderung, denn laut Statistik hat zwischen 1961 und 1976 der Anteil der verheirateten Frauen und Männer ständig abgenommen. 1965 gab es noch 492 000 Eheschließungen, im Jahre 1978 waren es noch 328 000. Nichteheliche Partnerschaften haben zum Teil diese Lücke gefüllt.

Probleme der nichtehelichen Partnerschaften

Schwierigkeiten tauchen mit zunehmendem Alter auf. Wenn der Mann *erst* 40 Jahre alt ist, ist die Frau *schon* 40 Jahre. Auch nach 5-, 10- oder mehrjährigem Zusammenleben ist die *Kündigung der Partnerschaft* jederzeit möglich. Selbst in *ehelichen* Partnerschaften, die 18 bis 25 Jahre gehalten haben, zeigen sich statistisch heute die höchsten Konfliktanfälle. Die westdeutschen Eheberatungsstellen machen verstärkt in den letzten Jahren auf diesen Umstand aufmerksam. Wenn aber eine erhöhte Konfliktträchtigkeit schon für eheliche Gemeinschaften registriert wird, wieviel mehr werden *nicht-eheliche* Partnerschaften gefährdet sein. Darum schreibt der Kieler Rechtswissenschaftler Professor Dr. Hattenhauer von einem »sozialen Problemschub«, mit dem sich die 90er Jahre herumzuschlagen haben. Er ist der Meinung, daß psychiatrische Kliniken und Gerichte viel Arbeit bekommen werden. Junge Menschen scheinen mit dieser Lebensform zunächst keine Schwierigkeiten zu haben.

Ein zweites Problem sind die *Kinder,* die aus nichtehelichen Partnerschaften erwachsen sind. Gehen die Paare wieder auseinander, wachsen die zurückbleibenden Kinder nur mit einem Elternteil auf. Kinder brauchen aber Vater *und* Mutter. Sie brauchen männliche und weibliche Bezugspersonen, um sich seelisch gesund zu entwickeln.

Konrad Lorenz sprach vor Jahren »vom Wärmetod des Gefühls«. Mangelnde seelische Wärme, Mangel an Geborgenheit und seelischer Zuwendung und Mangel an Liebe sind die Defizite, die Kinder krank machen. Zugegeben, die Zahl der Kinder ist in nichtehelichen Partnerschaften noch geringer als im Durchschnitt. Die Angst vor Komplikationen und der viel besprochene Egoismus sind durchschlagender.

Ein drittes Problem sind die *Rechtsfragen*. Der Rechtswissenschaftler Dr. Hattenhauer schreibt unmißverständlich:

»Nach Beendigung des Konkubinats kann ein etwa gewährtes Geschenk nicht nach Verlöbnisrecht herausverlangt werden. Auch im Hinblick auf das Konkubinat gemachte Aufwendungen sind nicht nach Verlöbnisrecht liquidierbar.«[28]

Ich habe einen solchen typischen Fall in der Beratung erlebt. Die Frau war 42 Jahre alt und hatte eine 21jährige Tochter. Zu Pfingsten entdeckte die Frau, daß ihr 9 Jahre jüngerer, befreundeter Mann mit ihrer Tochter intim verkehrte. Beide Partner hatten bis dahin eine Wohnungseinrichtung für ca. 30000 Mark erstanden. Unglückseligerweise war auch noch alles auf seinen Namen gekauft worden. Sie fochten einen für beide Seiten belastenden Rechtskampf aus, weil das geltende Eherecht nicht angewendet werden konnte. Und das Oberlandesgericht Düsseldorf (Aktenzeichen 4 U) entschied, daß keine rechtlichen Beziehungen durch intimes Zusammenleben unverheirateter Paare bestehen. Selbst wenn sie einen gemeinsamen Haushalt führen, werden ihre Beziehungen nicht als rechtlich anerkannt, es sei denn, sie hätten rechtsverbindliche Absprachen getroffen.

Die nichteheliche Partnerschaft beinhaltet demnach ein hohes Prozeßrisiko. Sie kann nur in Schönwetterzeiten gut funktionieren. Das Risiko trägt grundsätzlich der schwächere Teil, der sich im Konfliktfall vorhalten muß, freiwillig die Ehe ohne Trauschein eingegangen zu sein. Weiterhin ist es so:
- daß das Sorgerecht, wenn Kinder vorhanden sind und es zum Bruch der Beziehung kommt, nur der Mutter übertragen wird;
- daß der Vater sein Kind nicht vertreten kann, weil es als unehelich gilt;
- daß es bei finanziellen Auseinandersetzungen weder einen Versorgungsausgleich noch einen Zugewinnausgleich gibt.

Argumente *für* eine nichteheliche Partnerschaft

Aus der Fülle der Argumente, die ich in Diskussionen, bei Vorträgen und in der Beratung gehört habe, möchte ich die wesentlichsten herausgreifen:

- Freundschaft und Partnerschaft sind eine private Angelegenheit. Weder Staat noch Kirche haben ein Recht, sich in die intimen Belange von zwei erwachsenen Menschen einzumischen.
- Wenn die beiden Partner das Gefühl haben, ihre Liebe zueinander ist erloschen, bindet sie kein Vertrag, kein Gelübde und keine rechtliche Verpflichtung. Sie gehen ohne Schwierigkeiten auseinander und müssen nicht gezwungen werden, weiter zusammen zu leben.
- Das Zusammenleben ohne Trauschein ist redlicher und ehrlicher. Die Beziehung wird nicht durch Verträge zusammengehalten, sondern durch Liebe. Beide bemühen sich intensiver umeinander und sorgen dafür, daß ihre Beziehung dynamischer und erfüllter bleibt als in konventionellen Ehen.
- Die nichteheliche Partnerschaft ist keine Zwangsgemeinschaft. Ihr fehlt nicht der Freiraum, in dem sich die Einzelnen selbst verwirklichen und erfüllen. Keiner fühlt sich gefesselt und in ein Gefängnis gesteckt. Wirkliche Partnerschaft ist nur in gegenseitiger Freiheit möglich.
- Die nichteheliche Partnerschaft bietet die Möglichkeit, ein lebenslanges Zusammenleben auszuprobieren. Ergibt es sich, daß beide auf allen Gebieten – auch auf dem sexuellen – zusammenpassen, ist eine spätere Heirat und Ehe nicht ausgeschlossen.
- Das Eheversprechen »bis daß der Tod euch scheidet«, ist eine menschliche Überforderung. Niemand kann reinen Gewissens dem anderen die Treue versprechen, bis zum letzten Atemzuge mit ihm auszuhalten. Der Mensch reift, wächst und verändert sich ein Leben lang. Niemand kann tiefgreifende Persönlichkeitsveränderungen voraussehen, die ein Zusammenleben unmöglich machen.

Argumente *gegen* eine nichteheliche Partnerschaft

- In Freundschaft und Partnerschaft ist eine intime Privatsphäre gegeben. Gleichzeitig sind Freundschaften und Partnerschaften auf Verbindlichkeit angewiesen. Der Mensch ist ein soziales Wesen. Ohne die Gemeinschaft ist er nicht lebensfähig. Und in dieser Gemeinschaft bestimmen Regeln und Vereinbarungen das Zusammenleben.

- Eins der größten Mißverständnisse über die Liebe heißt: Liebe ist in erster Linie ein Gefühl. Sind die Gefühle erloschen, gehen wir formlos auseinander. Wer sich in Sachen Liebe auf seine schwankenden und wetterwendischen Gefühle verläßt, belügt sich selbst und andere. Liebe ist in erster Linie eine Gesinnung. Ich sage ja zu dir »und möchte mit dir alt werden«, wie es im japanischen Eheversprechen heißt.

- Die größere Redlichkeit und Ehrlichkeit der nichtehelichen Partnerschaften ist eine Selbsttäuschung. Liebe, die nicht bedingungslos ja zum anderen sagt, und zwar in guten und bösen Tagen, in Gesundheit und in Krankheit, wenn der Partner attraktiv ist und wenn er bestimmte Körpervorzüge einbüßt, unterliegt einem einfältigen Egoismus. Nicht Liebe und Redlichkeit bestimmen in der Regel die Beziehung, wenn es zur Lösung kommt, sondern egoistische Wünsche und zweifelhafte Gefühle. Auch in der konventionellen Ehe kostet Liebe Arbeit, Phantasie und Engagement. Und wenn ernsthafte Konflikte kommen, besteht nicht die Angst, daß der andere fluchtartig das Feld räumt, sondern aus Treue ernsthaft an Lösungen arbeitet.

- Zwei Menschen, die bedingungslos ja zueinander sagen, leben nicht im Gefängnis und stehen unter Zwang; sie haben sich gebunden und sind frei füreinander. Selbstverwirklichung in der Partnerschaft, am anderen vorbei, ist eine Zielverfehlung und Sünde. Sie sieht in erster Linie sich und nicht das Du, sie kultiviert das Ich und nicht das Wir. Wahre Liebe bejaht den anderen in seinem Sosein und damit auch in seinem Wunsch nach Eigenleben.

- Ehe kann ich nicht probieren, Ehe kann ich nur wagen. Auch Harmonie zu zweit kann ich nicht testen, sondern nur mit allen Fasern meines Lebens wollen. Sie fällt uns nicht in den Schoß, sie ist ein

Begleitphänomen bedingungsloser Annahme. Auch sexuelle Harmonie kann ich nicht testen. Nach 15jähriger Beratungstätigkeit habe ich die Erfahrung gemacht, daß funktionierende und gelungene voreheliche Partnerbeziehungen für die Zukunft der Zweierbeziehung auf sexuellem Gebiet fast keine Bedeutung haben. Die Harmonie der Körper ist die Folge einer Harmonie der Herzen, der seelischen und geistigen Übereinstimmung.

– Das Eheversprechen »bis daß der Tod euch scheidet«, ist in der Tat eine menschliche Überforderung. Wer sich daher vor den Traualtar wagt und in eigener Kraft das Versprechen abgibt, dem anderen die Treue bis in den Tod zu garantieren, ist ein Hochstapler. Auch der bewußte Christ kann für sich nicht die Hand ins Feuer legen. Er trägt nicht die Garantie in sich, für's Leben treu zu bleiben. Zwei Menschen geben ihr Versprechen mit dem Zusatz: »Ja, mit Gottes Hilfe.« Christus ist der Dritte in ihrer Mitte. Er ist das tragende Fundament und das Band, das beide ein Leben lang verbindet.

Discount-Ehe mit kirchlichem Segen?

»Ehe ohne Ring«, »Ehe ohne Trauschein«, »Ehe auf Zeit«, »Wilde Ehe« und wie die Formulierungen alle heißen mögen, sind Notlösungen und keine gegenseitige Hingabe in Liebe. Sie bestehen aus Vorbehalten und Einschränkungen. Mißtrauen, Angst und mangelnde Annahme sind die Leitmotive für freies Zusammenleben, für Selbstprüfung und Unverbindlichkeit.

– Sie sagen zueinander ja – aber keineswegs bedingungslos;
– sie sagen: Wir lieben uns, aber mit Abbruchklausel;
– sie wollen Partnerschaft proben – aber das Ergebnis offenhalten;
– sie wollen einander Vertrauen schenken – aber Unabhängigkeit bis zur formlosen Auflösung praktizieren.

Diese in jeder Weise fragwürdigen Zweierbeziehungen zeigen offensichtlich mehr Schattenseiten als die konventionellen Einehen. Und doch existieren sie und niemand kann sie aus der Realität wegzaubern.

Das hat die nordelbische Kirche veranlaßt, ein besonderes Trauritual zu bedenken, um diesen nichtehelichen Partnerschaften in irgendeiner Form Anerkennung zu verschaffen. Diese relativierte Trauung hat für Kirche und Christen ernste Folgen, und der Bochumer Theologe und Eheberater Alfred Ziegner hat den Vorschlag entsprechend bissig kommentiert. Bei ihm heißt es:

»Ritualisierung – das bedeutet doch: ermäßigte Trauung, vergleichbar etwa der Konfirmation ohne Gelöbnis . . . Die Ritualisierung der ›Ehe ohne Ring‹ wäre also die Festschreibung einer Zwischenstufe. Wenn man aber dazu ja sagt, bedeutet das dann nicht, die Trauung zu relativieren und ihre Auflösung einzuleiten? Erkennt man damit nicht eine Art ›Minder-Ehe‹ an? Wohl gibt es das Kleinauto, das so manches für sich hat: die geringen Anschaffungskosten, der sparsame Benzinverbrauch, die bessere Parkmöglichkeit usw. Aber die ›Klein-Ehe‹? Ist sie nicht ein Widerspruch in sich und selbst ein Hohn auf das Grundgesetz? Durch die Ritualisierung der ›Ehe ohne Trauschein‹ würde der Grundwert der Ehe nach Gottes Ordnung bzw. als Sakrament ausgehöhlt.«[29]

Die Bibel läßt keinen Zweifel, daß solche Kompromisse Gottes Wort aushöhlen und verwässern. Liebe heißt: Ich bejahe dich mit allem Wenn und Aber, mit allen Schwächen und Mängeln und mit allen Konsequenzen. Dann ist der Satz ». . . bis daß der Tod euch scheidet,« folgerichtig. Liebe meint den anderen ganz, mit Haut und Haaren, mit seiner ganzen Existenz, in der Jugend und im Alter. »Ihr wißt doch: Gott hat am Anfang Mann und Frau geschaffen und gesagt: ›Der Mann wird Vater und Mutter verlassen, um mit seiner Frau zu leben. Die zwei sind dann ein Leib.‹ Sie sind also nicht mehr zwei, sondern eins. Und was Gott zusammengefügt hat, sollten Menschen nicht scheiden« (Matth. 19,4–6).

Ich glaube auf keinen Fall, daß nichteheliche Partnerschaften die Zukunft bestimmen werden. Liebe auf Zeit, Ehe mit Einschränkung und Partnerschaften ohne Ring hat es zu allen Zeiten gegeben. Freundschaft, Treue, Vertrauen und hingebungsvolle Liebe und Annahme sind lebensnotwendige Voraussetzungen für harmonische Zweierbeziehungen. Liebe mit Einschränkungen und Klauseln ist wie ein rundes Viereck, ein Widerspruch in sich. Solche Notlösungen und Übergangserscheinungen mögen eine Zeitlang durch viele gesellschaftlich begründete Aspekte Auftrieb erhalten, eine gültige Alternative zur Ehe als Schöpfungsordnung Gottes werden sie nicht sein.

Ich gebe noch einmal Helmut Thielicke das Wort, weil ich glaube, daß er die Zukunft der Ehe richtig deutet:

»Man sündigt nicht, wie die Moralisten meinen, weil man sich einem traditionell geheiligten ›Du sollst‹ verweigert, sondern weil man ein Geschenk des Schöpfers veruntreut und sich zugleich ins eigene Fleisch schneidet . . . Die Menschen kriegen die Schöpfung Gottes nicht kaputt, so sehr sie sich auch anstrengen mögen. Ich sehe vielerlei Anzeichen – nicht nur im Bereich des Sex und nicht nur in Deutschland –, die darauf deuten, daß man Angst vor den abgenagten Gerippen bekommt und nach dem Ausschau hält, wozu wir eigentlich entworfen sind.«[30]

Literaturverzeichnis

1 Fanita English, Es ging doch gut, was ging denn schief, Christian Kaiser Verlag, München 1982, S. 29
2 Viktor E. Frankl, Ärztliche Seelsorge, Kindler Taschenbuch, München 1975, S. 69
3 Viktor E. Frankl, a.a.O. S. 72
4 Thomas A. Harris, Ich bin o.k. – du bist o.k., rororo Sachbuch, Hamburg 1973, S. 241
5 Oswald Chambers, Mein Äußerstes für sein Höchstes, Berchtold Haller Verlag, Bern 1981 (20. Auflage), S. 337
6 Ulrich Schaffer, Wachsende Liebe, Oncken Verlag, Wuppertal/Kassel 1978, S. 22
7 Dale Carnegie, Sorge dich nicht – lebe!, Scherz Verlag, Bern/München/Wien 1972 (23. Auflage), S. 118
8 Tim LaHaye, Dein Temperament in Gottes Hand, Verlag der Liebenzeller Mission, Bad Liebenzell 1980, S. 163
9 Alfred Adler, in: Internationale Zeitschrift für Individualpsychologie 1923, S. 3
10 Christa Meves, Chancen und Krisen der modernen Ehe, Verlag des Weißen Kreuzes, Kassel – Harleshausen 1977, S. 10
11 Virginia Satir, Familienbehandlung, Lambertus-Verlag, Freiburg 1973, S. 13
12 Ulrich Beer, Beers Ehebuch, Ullstein Sachbuch, Frankfurt/Berlin/Wien 1978, S. 362
13 Herbert Demmer, Vortrag im Evangeliumsrundfunk am 1.10.1979
14 Jay E. Adams, Befreiende Seelsorge, Brunnen Verlag Giessen/Basel 1972, S. 143
15 Helmut Gollwitzer, Das hohe Lied der Liebe, Kaiser Traktate, München 1978, S. 34
16 Theodor Bovet, Ehekunde (Spezieller Teil) Katzmann Verlag, Tübingen 1962, S. 35
17 Don Dinkmeyer/Gary D. McKay, Erziehung zur Verantwortungsbereitschaft, Otto Maier Verlag, Ravensburg 1975, S. 28
18 Aus: Hörzu 47/80, Immer mehr Menschen haben Angst vor der Ehe – warum eigentlich?
19 Aus: Stern 22/78
20 Aus: Stern 22/78
21 Aus: Stern 22/78
22 Jürg Willi, Aufeinander bezogen und voneinander abhängig, in: Leben und Erziehen, 5/82, S. 10
24 Anneliese Bausch, Ehelosigkeit – eine Chance, in: Mitarbeiterhilfe, 6/80, S. 23
25 Walter Trobisch, Den Willen zum Leben verloren – Eindrücke einer Australienreise, in idea 26/28
26 Gerd Schimanski, Eherecht-Ehe(wunsch)bild-Ehewirklichkeit, in: DAJEB-Informationen 152/153 1979, S. 22
27 Alfred Ziegner, Wenn du nicht wärst, Verlag Weißes Kreuz, Kassel-Harleshausen 1981, S. 52 f.
28 Professor Dr. Hattenhauer, Das Recht auf Aussteigen in bösen Tagen, in: Deutsche Zeitung, 22/1978
29 Alfred Ziegner, a.a.O., S. 58 f.
30 Helmut Thielicke, Emanzipationsfimmel, in: Stern, 22/78, S. 69

Stichwortverzeichnis